DR. WOLFGANG SCHÄUBLE
geboren 1942, ist seit 1972 Mitglied des
Deutschen Bundestages. Er war Bundesminister für besondere Aufgaben und
Chef des Bundeskanzleramtes, bevor
er von 1989 bis 1991 Bundesminister
des Innern wurde. 2005 wurde er erneut
zum Bundesminister des Innern ernannt.

»Religion gehört zu den wichtigsten Kräften, die Menschen verbinden.«

Die wachsende religiöse Vielfalt – vor allem die Gegenwart des Islam – stellt Deutschland und Europa vor neue Herausforderungen. Wie kaum ein anderer Politiker hat Wolfgang Schäuble, evangelischer Christ und Initiator der Deutschen Islam Konferenz, sich dieses Themas angenommen. Er begrüßt die Vielfalt als Bereicherung für unser Land. Zugleich warnt er, dass sie nicht auf Kosten des gesellschaftlichen Zusammenhalts gehen darf. Eine zukunftsfähige Gesellschaft ist auf gemeinsame Werte und ein Gefühl der Zugehörigkeit angewiesen.
Schäuble geht der Frage nach, wie Politik unser Zusammenleben in Vielfalt gestalten kann und welche Bedeutung Religion für die Gesellschaft hat. Er entfaltet seine Thesen zur Rolle der Religion, zum Verhältnis von Staat und Islam und zu den Menschenrechten auf einer breiten geschichtlichen Basis. Von grundlegender Bedeutung für politisches Handeln ist, wie er betont, die neuzeitliche Schaffung religiös neutraler gesellschaftlicher und staatlicher Institutionen.

Wolfgang Schäuble
Braucht unsere Gesellschaft Religion?
Vom Wert des Glaubens

Berlin University Press

Berliner Reden zur Religionspolitik,
hg. v. Rolf Schieder

Wolfgang Schäuble
Braucht unsere Gesellschaft Religion?
Vom Wert des Glaubens

Erste Auflage im Februar 2009
© Berlin University Press
Alle Rechte vorbehalten

Ausstattung und Umschlag
Groothuis, Lohfert, Consorten | glcons.de
Satz und Herstellung
Dittebrandt Verlagsservice, Baden-Baden
Schrift
Borgis Joanna MT
Druck
DruckPartner Rübelmann GmbH, Hemsbach
ISBN 978-3-940432-54-4

Vorwort　　　　　　　　　　　　　　　　　　　　　　　　7

Religion als Herausforderung für die Politik　　　　　9

Staat und Islam in Europa　　　　　　　　　　　　　29

Menschenrechte als Maßstab der Politik　　　　　　53

Vorwort

Politik agiert nicht im luftleeren Raum. Sie hat es immer mit Menschen zu tun. Diese sind in ihrem Leben und Zusammenleben durch bestimmte Gepflogenheiten, Überzeugungen, Grundsätze und Traditionen geprägt. Politik kann nicht erfolgreich betrieben werden, wenn sie diese Einsicht vernachlässigt. Macht man sich klar, dass einige der wichtigsten Gepflogenheiten, Überzeugungen, Grundsätze und Traditionen religiöser Art sind, kann es keinem Zweifel unterliegen, dass Religion immer eine Herausforderung für die Politik darstellt.

Diese Herausforderung muss nicht unbedingt angenehmer Art sein. Religion kann, wenn sie sich zum Beispiel fundamentalistisch äußert, die Politik vor die Herausforderung stellen, sich behaupten zu müssen. Aber das ist aus meiner Sicht nicht das Entscheidende. Vielmehr geht es mir in erster Linie darum, deutlich zu machen, warum und inwiefern Religion eine wichtige Ressource ist, aus der auch in unserer Gesellschaft fundamentale Wertorientierungen entspringen.

Religion als Herausforderung für die Politik*

1.

Eine Zeit lang schien es so manchem, als habe die Religion jedenfalls für uns aufgehört, eine Herausforderung für die Politik zu sein. Nicht nur war es so, dass die Mitgliedschaft in den großen Kirchen zurückging, ein Prozess, der schon seit langer Zeit anhält, aber in den letzten Jahrzehnten erst deutlich wahrnehmbar wurde. Auch die große Mehrheit derjenigen, die noch einer Kirche angehörten, war anscheinend der Ansicht, Religion sei vor allem eine Sache des persönlichen Glaubens, den man aus der politischen Auseinandersetzung weitgehend heraushalten sollte. Das große Zauberwort war ‚Säkularisierung', die Bezeichnung einer Entwicklung, die alle modernen Institutionen zunehmend frei macht von ihrer traditionellen Verklammerung mit religiösen Werten und Inhalten. Religion in einer in diesem Sinn säkularen Gesellschaft, das sollte offenbar heißen: Religion in einem Umfeld, das in

---

* Der Text basiert auf der Rede von Dr. Wolfgang Schäuble, MdB im Rahmen der Berliner Reden zur Religionspolitik am 25. Oktober 2005 in Berlin

seinen wesentlichen Bezügen und Funktionen wunderbar ohne sie auskommt, für das sie bestenfalls eine Art Ornament ist, das manche Momente etwas feierlicher macht als sie es sonst wären, aber darüber hinaus ohne Bedeutung für den eigentlichen Gang der Dinge ist.

Diese Interpretation der Situation bei uns hatte auch Auswirkungen auf die Art und Weise, wie wir den Rest der Welt betrachteten. Natürlich war klar, dass die Bedeutung von Religion – sei es der christlichen oder anderer – für politische Abläufe in vielen Teilen der Welt deutlich höher und oft genug von großer Bedeutung war. Es galt jedoch mehr oder weniger als ausgemacht, dass sich der Entwicklungsstand einer Gesellschaft nicht zuletzt daran zeigen sollte, wie ‚säkular' sie war. Auf diese Weise wurde ein Rückstand in der Säkularisierung zu einem Aspekt von Rückständigkeit, von dem man hoffen musste, dass er – ebenso wie bestimmte ökonomische und soziale Relikte früherer Zeiten – langsam aber sicher überwunden würde.

Die große Ausnahme, die in dieses Weltbild nie passte, waren die Vereinigten Staaten von Amerika. Da hatte man es mit einem hoch entwickelten Land zu tun, das spätestens seit dem Zweiten Weltkrieg in vieler Hinsicht für den Rest der Welt den Maßstab von Modernität abgab, ein Land, dessen Modernität überhaupt keinem Zweifel unterlag und dessen Institutionen beispielhaft gerade für die deutsche Demokratie waren. Gerade in diesem Land spielte die Religion in der Öffentlichkeit eine so fundamentale Rolle, sicherlich in einem ganz besonderen Sinn – immerhin existiert auf der verfassungsrechtlichen Ebene in den USA eine der strengsten Trennungen von Kirche und Staat. Dennoch scheint immer noch zu gelten, was Alexis de Tocqueville vor über 150 Jahren (schon damals als Europäer milde erstaunt) beobachtete: dass Religion die erste der republikanischen Institutionen in den USA darstellt. Im Weltbild der Säkularisation erschienen die USA so als die große Anomalie, als die Ausnahme, für die es eigentlich im Rahmen der allgemeinen Theorie keine zufrieden stellende Erklärung gab.

2.

Inzwischen gilt es als anerkannt, dass diese allgemeine Theorie, die Annahme, dass Religion im Wesentlichen ihren herausfordernden Charakter für die Politik verloren hat, schlicht gesagt falsch war. In vielen Teilen der Welt haben sich in den letzten Jahren und Jahrzehnten Modernisierungen abgespielt – in Wirtschaft und Gesellschaft. Die Demokratie hat in den letzten 15 Jahren in einer Vielzahl von Ländern Einzug gehalten, die mit diesem Gesellschaftsmodell bislang wenig oder keine Erfahrung gemacht hatten. Dennoch gibt es keine Anzeichen dafür, dass irgendwo außerhalb Westeuropas die Entwicklung stattfindet, die man mit dem Begriff der Säkularisierung im Blick hatte. Eine Ausnahme bilden vielleicht nur einige der vormals kommunistischen Länder Ostmitteleuropas, die aber natürlich eine ganz besondere Geschichte haben.

Auf der anderen Seite ist aber umso bemerkenswerter, welche Entwicklung sich in dieser Hinsicht in Russland vollzogen hat, immerhin einem Land, in dem während eines Großteils des 20. Jahrhunderts eine die Religion aktiv unterdrückende Politik betrieben wurde. 2001 konnte Präsident Putin davon sprechen, sein Land habe freiwillig „die Rolle einer Hüterin der wahren christlichen Werte [übernommen]. Unbedingt muss man jenen zustimmen, die meinen, dass ohne Christentum, ohne orthodoxen Glauben, ohne die daraus erwachsene Kultur Russland gar nicht hätte entstehen können."

Man könnte die Beispiele aus unserer globalisierten Welt fast beliebig vermehren. Auch bei uns hat sich – wenn ich es richtig beobachte – die Diskussion in den letzten Jahren verschoben. Sicherlich – der Mitgliederschwund der großen Kirchen hält an und auch das Nachlassen einer grundsätzlichen Alphabetisierung im Christentum scheint eher verstärkt. Gleichzeitig lässt sich jedoch auch eine gegenläufige Entwicklung feststellen: Angesichts der großen Aufgaben, vor denen unsere Gesellschaft zweifellos steht, ist vielen Menschen die Bedeutung von das Leben orientierenden Werten wieder stärker bewusst geworden. Gibt es eine letzte Instanz, vor der individuelle Entscheidungen verantwortet werden müssen? Wie setzen wir uns Grenzen angesichts der Bedrohung, die unserer Welt und uns selbst von den anscheinend ‚unbegrenzten' Möglichkeiten drohen? Die Diskussion über den Gottesbezug in der EU-Verfassung, über Stammzellenforschung, aber auch – in ganz anderer Weise – die öffentliche Anteilnahme an der Person des letzten Papstes während seiner letzten Tage deuten für mich darauf hin, dass hier eine neue Sensibilisierung einsetzt für etwas, was für die Gesellschaft von großer Bedeutung ist. Interessantes Beispiel dafür ist sicherlich Jürgen Habermas, der sich selbst (mit Max Weber) als ‚religiös unmusikalisch' bezeichnet und doch in zahlreichen Äußerungen der letzten Jahre zum Ausdruck bringt, dass hier etwas unabgeschlossen ist, dass die Säkularisierung nicht die letzte Antwort auf die Probleme unserer Zeit sein kann. Habermas spricht in diesem Zusammenhang übrigens von einer „Dialektik der Säkularisierung" – so der Titel eines Buches, das er Anfang des Jahres gemeinsam mit Joseph Ratzinger herausgegeben hat.

Dennoch wäre es falsch, hier eine Art Rückkehr zu einem ‚status quo ante' zu sehen. Denn wie auch immer man die künftige Rolle von Religion in Deutschland einschätzt, sie ist jetzt und in Zukunft auf jeden Fall viel pluraler verfasst als jemals zuvor. Wir haben uns also nicht nur der Frage zu stellen, ob und wie viel Religion Deutschland verträgt, sondern müssen ebenso zur Kenntnis nehmen, dass Religion in Deutschland tatsächlich Religionen bedeutet, wobei wir uns einig sein werden, dass darunter insbesondere dem Islam eine herausgehobene Bedeutung zukommt. Das zeigt jedoch sogleich ein weiteres Problem. Die Wahrnehmung jedenfalls großer Teile der Öffentlichkeit ist hier für verschiedene Religionen sehr unterschiedlich: In welcher Weise stellen Islam, Christentum und, sagen wir, Buddhismus eine Herausforderung für die Politik dar? Wir müssen die Frage nur stellen, um zu sehen, dass sie intuitiv von den meisten für jede dieser

Religionen verschieden beantwortet wird. Gleichzeitig verpflichtet uns unsere grundgesetzliche Ordnung zu Recht zu einer prinzipiellen Gleichbehandlung der verschiedenen Religionen. Auch das ist gewissermaßen eine „Herausforderung" für die Politik und für den konkreten Politiker.

3.

Man kann die beschriebenen Entwicklungen verschieden werten, was sicherlich auch am jeweiligen persönlichen Standpunkt hängt. Wie dem jedoch auch immer sei, klar ist jedenfalls, dass Religion heute tatsächlich eine Herausforderung für die Politik ist und als solche weithin wahrgenommen wird. Die Frage, die sich für den Politiker stellt, ist demnach die: wie geht er mit dieser Herausforderung um? Die Antwort auf diese Frage wird sicherlich nicht zuletzt davon abhängen, was man unter Religion versteht.

Es gibt hierzulande eine lange Tradition, die in der Religion insofern eine Herausforderung an die Politik sieht, als sie für diese gewissermaßen einen Störfaktor darstellt. Schon Macchiavelli war der Meinung, das Christentum sei schuld daran, dass es zu seiner Zeit weniger Republiken gebe als in der von ihm bewunderten klassischen Antike. Unsere Religion, so schrieb er, fördert mehr das Leiden als das Tun. Sie habe durch diese Haltung die Welt den Bösewichtern ausgeliefert, denn diese sehen, dass die meisten Menschen, um ins Paradies zu gelangen, eher darauf aus sind, Schläge geduldig zu ertragen als aktiv zu handeln.

Aber wir sollten uns vielleicht doch eher an Friedrich den Großen erinnern, der in seinem politischen Testament von 1752 in einem Abschnitt zu den Religionen in Preußen die Position der Aufklärung auf seine unnachahmliche Weise zum Ausdruck gebracht hat. Für Friedrich war, das darf man nicht vergessen, die Erfahrung der Religionskriege noch ein relativ kurz zurückliegendes Trauma. Und so besteht sein Ideal in einem Miteinander der Religionen, bei dem man diese vor allem daran hindert, ihrer Neigung zu Streit und am Ende gewalttätiger Auseinandersetzung zu sehr nachzugehen. Der preußische König macht in diesem Zusammenhang auch kein Geheimnis daraus, dass für ihn die Grundlage jeder Religion Mangel an Aufklärung ist. Die Toleranz des Herrschers beruht entsprechend weniger auf einer positiven Schätzung der Religion, vielmehr auf der Einsicht, dass man dem Volk das nicht nehmen darf, woran es nun einmal hängt.

Die Probleme, die Friedrich artikuliert, sind nicht einfach aus der Luft gegriffen. In der Tat, blickt man zum Beispiel auf die politische Rolle, die der Protestantismus seit der Reformation gespielt hat, lassen sich die dunklen Seiten nicht übersehen. Mit Blick auf die heute von uns hochgehaltenen Werte von Freiheit, Demokratie und Menschenrechten, stellt sich die Entwicklung nicht als eine geradlinige dar. Erst nach dem Zweiten Weltkrieg ist es den evangelischen Christen in ihrer Mehrheit möglich gewesen, diese Werte nicht nur zähneknirschend zu akzeptieren, sondern sie als in Übereinstimmung mit den Grundanliegen unserer Religion zu bejahen. Zwar hatte der Protestantismus schon am Ende des 19. Jahrhunderts versucht, den christlichen Glauben der Reformation mit der aus der Aufklärung hervorgegangenen Kultur der Vernunft im Sinne einer religiös begründeten Humanität in Einklang zu bringen, aber der feste Bezugspunkt blieb zunächst die Monarchie und nicht die Demokratie, was sich in den Jahren der Weimarer Republik und der Nazizeit bitter bemerkbar machen sollte – bei Weitem nicht nur bei den deutschen Christen.

Es gibt natürlich prominente Gegenbeispiele: Da fällt mir zuerst meine badische Heimat ein: Dort wurden 23 Geistliche für ihr politisches Engagement durch staatliche Gerichte gnadenlos mit Haftstrafen belegt und verloren ihre kirchlichen Ämter. Dies fand statt nicht etwa zu Zeiten des Nationalsozialismus, sondern in der Revolutionszeit von 1848/49. Das Großherzogtum Baden war Zentrum von Demokratie und republikanischer Einstellung, geprägt durch einen Geist, der seine Wurzeln im Protestantismus hat und bis heute spürbar ist. Pfarrer, Theologen und Bürger waren sich einig in der Forderung nach politischer Freiheit, die über die Freiheit eines Christenmenschen hinausging und auch vor einer Reformierung des landesherrlichen Kirchenregimentes nicht Halt machte: Synodalverfassung, Einbeziehung der Laien, mehr Autonomie im Verhältnis von Staat und Kirche waren die protestantischen Reformforderungen, die mit den politischen Forderungen am Ende blutiger staatlicher Gewalt zum Opfer fielen.

Dieser liberale, politisch aktive Protestantismus war keine Massenbewegung, konnte aber doch seine Spuren bleibend hinterlassen. An ihn konnte die evangelische Kirche nach dem Kirchenkampf anknüpfen und protestantisches Profil gewinnen mit Theologen und vor allem auch Laien, die sich als Protestanten in Staat, Wirtschaft und Gesellschaft engagierten. Die Rolle, die die evangelischen Kirchen im Herbst 1989 spielten (ob in Wittenberg, in Breitenfeld, in Barmen und auch in Leipzig), ist daher wohl auch historisch betrachtet nicht nur Zufall. Trotz aller Irrwege mancher Kirchenführer mit ihrer Anbiederung an die herrschende Klasse der DDR lag doch im Protestantismus eine entscheidende Keimzelle des Protestes: Mutige Pfarrer in Leipzig, Ost-Berlin und anderswo boten einen Raum, schafften eine Öffentlichkeit, Orte, wo sich Menschen sammeln konnten, Kirchenferne wie Kirchennahe, um ihren Überzeugungen als Christ und/oder Bürger Ausdruck zu verleihen.

4.

Ganz gleich aber wie man hier die Rechnung nun aufmacht, in jedem Fall ist klar, dass die Perspektive der Aufklärung auf die politische Relevanz der Religion eine sehr einseitige war. Sie hat da ihr Recht, wo Religion zu einer Bedrohung für das Gemeinwesen wird, wo religiöse Kräfte drohen, das Zusammenleben der Menschen, den Zusammenhalt der Gesellschaft und das Funktionieren der Institutionen zu behindern oder zu zerstören. Gerade auch in der gegenwärtigen Situation wird man kaum bestreiten, dass eine solche Bedrohung bestehen kann und dass in diesem Fall der Staat die Aufgabe hat, solche Konsequenzen mit den ihm zu Gebote stehenden Mitteln zu verhindern. Das Problem, dass Religionen zu Trennung und Streit führen, ist für uns nicht so weit weg, wie der Hinweis auf Konflikte des 17. Jahrhunderts suggerieren könnte. Wenn heute von einem „Krieg der Kulturen" geredet wird, dann ist wiederum die Religion als ein Hauptkampfplatz einer solchen Auseinandersetzung im Blick. Nur denkt man weniger an einen Konflikt zwischen Protestantismus und Katholizismus, sondern an die Auseinandersetzung zwischen christlicher und islamischer Welt. Dies Problem ist für uns längst nicht nur ein außenpolitisches. Es bezieht sich also nicht nur auf unser Verhältnis zur arabischen Welt, sondern wir müssen es auch innenpolitisch lösen.

Ebenso wenig wird man übersehen, wie wichtig und grundlegend die neuzeitliche Schaffung religiös neutraler gesellschaftlicher und staatlicher Institutionen war, die es ermöglichen, politisches Handeln gegenüber den Angehörigen verschiedener Religionsgemeinschaften gleichermaßen zu vertreten.

Die Einseitigkeit der friderizianischen, aufklärerischen Sicht liegt dennoch in ihrer Fixierung auf diese problematische Seite der Religion, auf deren konfrontative Herausforderung der Politik. Dadurch übersieht diese Position die fundamentale, positive Bedeutung, die der Religion für politisches Handeln bleibend zukommt. Daran ändert auch eine verfassungsrechtliche Trennung von Kirche und Staat nichts. Denn die Politik wird ja von Menschen gemacht, und diese Menschen kommen nicht aus dem luftleeren Raum. Die zweite, wichtigere Herausforderung der Religion für die Politik bedeutet also zunächst einmal: Menschen mit einem religiösen Hintergrund werden als politisch aktive Bürger gebraucht. Sie werden umso mehr gebraucht, sofern sie über eine klare Orientierung, eine Grundausrichtung ihres Lebens verfügen. Von der Politik wird zu Recht Orientierung für unsere Gesellschaft erwartet. Orientieren aber kann nur, wer selbst orientiert ist. Der religiöse Glaube gehört zu den wichtigsten Quellen starker Wertvorstellungen in unserer Kultur. Auch die Politik kann auf diese Quelle nicht verzichten.

5.

So wichtig jedoch die Bedeutung individueller Religiosität für das politische Engagement einzelner ist, mit ihr ist die Bedeutung von Religion für die Politik noch nicht erschöpft. Denn daneben gibt es auch noch die gemeinschaftliche Dimension. Auch die dürfen wir nicht vernachlässigen. Religion gehört zu den wichtigsten Kräften, die Menschen verbinden, und auch das ist etwas, was wir gerade heute, in unserer immer individualistischer werdenden Gesellschaft brauchen. Politische Institutionen, so wichtig sie sind, reichen dafür nicht aus, sie bedürfen selbst anderer Fundamente, damit sie von den Bürgern mit Leben erfüllt werden. Das ist auch die Grenze des Konzepts vom ‚Verfassungspatriotismus'. Es ist kein Zufall, dass selbst ein so eifriger Verfechter dieses Konzepts wie Jürgen Habermas in seinem 2003 gemeinsam mit Jacques Derrida verfassten Aufruf über die „Wiedergeburt Europas" davon spricht, es sei die „Macht der Gefühle", die Europas Bürger miteinander verbinde und ihnen eine gemeinsame Identität geben könne. Verfassungspatriotismus als eine Sache der Vernunft reicht eben nicht, es braucht ebenso die „Macht der Gefühle". Mit dem Verfassungspatriotismus kann ich nicht erklären, warum die Leute im Fußballstadion, wenn Deutschland gegen Frankreich spielt, für Deutschland sind. Die Franzosen haben ähnliche Werte in ihrer Verfassung wie wir, aber das spielt hier keine Rolle.

Anders als Habermas hat Karl Otto Hondrich Identitätswerte seit langem mit Bezug auf Gefühle definiert. Auf die Frage, was eine Gesellschaft zusammenhält, antwortet Hondrich: „geteilte Gefühle". In einem im April 2005 in der FAZ veröffentlichten Artikel, *Die Divisionen des Papstes*, geht er – im Zusammenhang mit dem Tod des Papstes – ausdrücklich auf diesen Punkt ein und formuliert treffend: „Vom Einklang der Gefühle geht ein eigener Zauber aus: der Zauber der Einheit." Und tatsächlich – wenn wir uns einem Gemeinwesen zugehörig fühlen wollen, dann muss es etwas geben, was uns auf einer tieferen menschlichen Ebene miteinander verbindet, auf genau der Ebene, auf der auch Religion und Glaube angesiedelt sind. In diesem Sinn können wir auch in einem modernen, pluralen und säkularen Gemeinwesen nicht auf den Beitrag der Religion verzichten.

Mir scheint, dass gerade an diesem Punkt es sogar besonders evident ist, dass dieser Beitrag eher noch wichtiger wird. Wir haben lange, zu lange, vom Staat die Lösungskompetenz für fast alle Probleme erwartet, die es in unserer Gesellschaft so gibt. Wir können – und müssen – heute einsehen, dass wir da bei uns eine Kurskorrektur brauchen. Wir müssen wieder lernen, uns mehr selbst zuzutrauen. Nicht alles kann vom Staat übernommen werden, sondern nur das soll von ihm übernommen werden, was er mit seinen Möglichkeiten wirklich besser machen kann. Wo das nicht so ist, sollten wir den Mut haben, Verantwortung an die Gesellschaft zurückzugeben.

Es lässt sich jedoch nicht übersehen, dass die Entwicklung, die dem Staat so viele Verantwortungen zugeschoben hat, auch damit zu tun hat, dass wir traditionell sehr scharf zwischen Privatem und Gesellschaftlichem trennen. Eine deutlich geringere Rolle hingegen spielt bei uns für die Gesellschaft der Bereich, in dem Bürger etwas gemeinsam, jedoch nicht in staatlicher Verantwortung machen. Es ist aber genau dieser Bereich, der in den USA die oft so bewunderte Vielfalt von bürgerschaftlichem Engagement hervorbringt. Dass in dieser Hinsicht die Uhren auf beiden Seiten des Atlantiks unterschiedlich ticken, ist übrigens schon Max Weber aufgefallen, als dieser die amerikanische Gesellschaft studierte und mit der deutschen verglich. Bekannt ist seine Formulierung, dass die amerikanische Gesellschaft kein formloser „Sandhaufen von Individuen" sei, sondern dass in ihr Verbände, also nichtstaatliche Zusammenschlüsse von Bürgern eine entscheidende Rolle spielen. Zu den wichtigsten Akteuren in diesem Bereich gehören aber die Religionsgemeinschaften.

Wenn wir also heute, bei uns die Rolle von bürgerschaftlichem Engagement stärken wollen und dabei insbesondere auf die Ebene solcher Zusammenschlüsse sehen, dann ergibt sich schon daraus, dass die politische Relevanz von Religion, gerade auch in ihrer Fähigkeit zur Gemeinschaftsbildung von bleibender, eher steigender Bedeutung in unserer Gesellschaft ist.

6.

Aber – das ist an dieser Stelle ein nahe liegender Einwand – übersieht eine solche Argumentation nicht, dass diese einigende Rolle der Religion ein Ding der Vergangenheit war, dass sie in einer Zeit zunehmend pluraler Religiosität zum Anachronismus geworden ist? Übersieht sie nicht zudem, dass Religion – gerade in ihrer pluralen Realität – zumindest ebenso viel Trennendes wie Verbindendes enthält? Konkret möchte ich die Frage so stellen: Wie können wir es erreichen, dass wir Menschen durch Religion miteinander verbinden, und gleichzeitig vermeiden, dass auf der Grundlage unterschiedlicher religiöser Bekenntnisse neue Gräben aufgerissen werden? Dafür ist es notwendig, dass wir auf das sehen, was uns in unserer religiösen und konfessionellen Verschiedenheit miteinander verbindet, nicht auf das, was uns trennt.

Ich meine, wir finden da einiges von großer politischer und gesellschaftlicher Relevanz. Nehmen wir den zumindest für die monotheistischen Religionen zentralen Bezug auf Gott. Bei allen im Einzelnen großen Unterschieden kommt es im Grundsatz aus meiner Sicht darauf an, dass Menschen wissen, dass sie mit ihrem eigenen Leben und Tun in der Verantwortung vor einer Autorität stehen, die sie nicht selbst eingesetzt haben. Dass sie sich auf etwas beziehen, was größer ist als sie selbst. Dass da etwas ist, das von ihnen nicht gemacht, aber von ihnen zu respektieren ist. Dass es bei allem, was sie wollen und tun, nicht nur um sie selbst geht. Schon das hat weit reichende Folgen für politisches und gesellschaftliches Handeln. Wissen um Unverfügbares ist eine Vorkehrung gegen totalitäre Allmacht und Machtmissbrauch. „Wo immer in der Welt einer nicht mehr weiß, dass er höchstens der Zweite ist, da ist bald der Teufel los", sagte Bischof Reinelt zum 50. Jahrestag der Dresdner Bombennacht.

Genau darum geht es nach meinem Verständnis in der Präambel des deutschen Grundgesetzes. Bevor die eigentliche Verfassung beginnt, wird dort gesagt, dass das deutsche Volk sich dieses Grundgesetz im Bewusstsein seiner Verantwortung vor Gott gegeben hat. In diesem Sinn wünschte ich mir auch einen Gottesbezug in der Europäischen Verfassung. Nach meiner Überzeugung kann ein solcher Verweis Menschen verschiedener Konfessionen, aber auch Gläubige der wichtigsten bei uns vertretenen Religionen einen. Er muss sie nicht trennen. Ich kann nicht einsehen, warum zum Beispiel ein solcher Gottesbezug sich gegen die schon heute in der EU lebenden Muslime richten sollte.

Wie steht es aber mit Atheisten? Werden sie so vor den Kopf gestoßen? Nicht unbedingt. Auch der Atheist kommt eigentlich nicht wirklich ohne Religion aus. Zumindest wenn es um grundsätzliche existenzielle Fragen, um die Frage nach Anfang und Ende, nach dem Sinn des Lebens und der Existenz von Wahrheit und Recht geht, stößt auch jemand, der keiner Religionsgemeinschaft angehört, auf die religiöse Dimension. Auch Atheisten suchen meist einen absoluten Bezugspunkt: die Idee der Wahrheit zum Beispiel oder der Freiheit, das Recht oder die Gerechtigkeit. Wenn damit nicht Ideologien gemeint sind, sondern etwas, das den einzelnen in die Pflicht nimmt, dann gibt es mehr Gemeinsamkeiten, als man zunächst denken würde.

7.

Der Bezug auf Gott erweist seine Bedeutung für das Zusammenleben der Menschen nicht zuletzt dadurch, dass er unmittelbare und direkte Folgen für das Menschenbild hat. Die Verantwortung der Menschen vor Gott ist nie losgelöst von der Verantwortung für den Mitmenschen. Das Doppelgebot der Liebe, das im Neuen Testament und auch davor schon in der jüdischen Überlieferung als Zusammenfassung aller Gebote gilt, verbindet nicht zufällig die Liebe zu Gott mit der Nächstenliebe. Die biblische Schöpfungsgeschichte drückt denselben Zusammenhang aus, indem sie davon spricht, der Mensch sei nach dem Ebenbild Gottes geschaffen. Und nicht zuletzt sollte jedem Christen deutlich sein, dass es für unseren Glauben, in dessen Mittelpunkt die Menschwerdung Gottes steht, keinen Gottesbezug geben kann, der nicht zugleich Achtung und Liebe gegenüber dem Menschen normiert.

In unsere Verfassungswirklichkeit hat dieser Gedanke Eingang gefunden in der Formulierung das Art. 1, dass die Würde des Menschen unantastbar ist. Dieser Grundsatz gilt unumstößlich; nicht einmal eine verfassungsändernde Mehrheit könnte ihn ändern. Und das zu Recht. Unsere politische Ordnung, das, was oft als die Wertordnung des Grundgesetzes bezeichnet wird, beruht zuallererst auf dem Prinzip der Menschenwürde. Aus diesem Grundsatz sind letztlich die einzelnen Grundrechte entsprungen, die das Fundament unserer freiheitlichen Ordnung ausmachen. Dazu gehört ganz wesentlich der Grundsatz religiöser Toleranz, das Prinzip der Religionsfreiheit. Das ist ganz wichtig. Zumindest aus christlicher Sicht lässt sich klar sagen, dass gerade der christliche Glaube die Akzeptanz religiöser Pluralität als Teil der Achtung vor der Menschenwürde fordert.

Die Menschwürde, die dem Glauben entspricht, dass der Mensch nach dem Ebenbild Gottes geschaffen ist, die bedeutet, dass jeder Mensch, unabhängig von Hautfarbe, Herkunft oder Religion seine eigene, unveräußerliche und unverwechselbare Würde hat, und das bedeutet notwendig auch den Respekt vor der Verschiedenheit, und damit Toleranz. Deshalb ist zwischen geistlichem und weltlichem Regiment zu trennen. Wenn Glaubensgewissheit in irdische Ordnung übersetzt wird, dann ist für Toleranz wenig Platz, und deshalb entspricht die Absage an jeden Fundamentalismus in der politischen Ordnung unserer christlichen Überlieferung.

8.

Der Bezug auf Gott führt jedoch nicht nur zum Gedanken der Menschenwürde und dem Toleranzprinzip. Er kann den Menschen auch davor bewahren, sich selbst zum Maß aller Dinge zu machen. Der Mensch braucht Grenzen. Er braucht Grenzen im Interesse seines eigenen Menschseins, seiner Humanität. Auf diese Grenzen aber macht ihn der Bezug auf ein transzendentes Wesen unzweideutig aufmerksam. Diese Einsicht ist für unsere heutige Welt überlebenswichtig. Die Menschen lernen in ungeheurer Geschwindigkeit hinzu. Wissenschaft und Technik ermöglichen ihnen Dinge, von denen noch vor wenigen Jahrzehnten kaum zu träumen war, ich nenne nur die Begriffe Biotechnologie, Nanotechnik und Astrophysik. Die globalisierte Wirtschaft produziert eine sich permanent wandelnde Welt und gibt dem Menschen erstaunliche Instrumente an die Hand, um sein eigenes Geschick und das der Erde in die Hand zu nehmen.

Bei all dem bleibt der Mensch jedoch ambivalent. Seine Größe ist gleichzeitig sein Verhängnis. Sein Streben führt ihn zu neuen und höheren Einsichten, aber auch zu Neid und Missgunst, Habgier und Streit. Im Krieg sehen wir diese „Wolfsnatur" des Menschen in ihrer zerstörerischen Wirklichkeit. Wir hatten in den letzten Jahren mehr als genug Gelegenheit, Zeugen davon zu werden. Dabei ist die militärische Auseinandersetzung nicht die einzige Gelegenheit, bei der sich das Fragwürdige, ja Gefährliche am Menschen ohne Maß zeigt. Für uns ist mindestens genau so wichtig die Bedrohung, die für Mensch und Welt von einer ungezügelten Erwerbswirtschaft ausgeht. Auch da zeigt sich der Mensch als Wolf, wenngleich meist ohne Blutvergießen. Es kommt für unsere Zukunft viel darauf an, dass wir uns selbst hier Zügel anlegen. Marktwirtschaft ist unverzichtbar, ein ungezügelter Markt jedoch ist unmenschlich.

Das meine ich, wenn ich sage, der Mensch braucht Grenzen. Grenzen, die er sich selbst in Freiheit setzt. Eine wichtige Motivation für ein solches freiwilliges Akzeptieren von Grenzen der eigenen Machtfülle ist der Bezug auf Gott. Wiederum gilt: das Wissen von etwas Unverfügbarem ist eine Vorkehrung gegen Übermaß, Allmachtsphantasie und Machtmissbrauch.

9.

Ich komme auf meine Ausgangsfrage zurück. Aus der Sicht des Politikers ist Religion tatsächlich eine zentrale Herausforderung für heutiges politisches Handeln. Wir finden uns mit großen Aufgaben konfrontiert, auf nationaler wie globaler Ebene – und zwischen beiden lässt sich oft gar nicht mehr richtig unterscheiden. Es muss uns gelingen, die motivierenden und persönlichkeits- sowie gemeinschaftsbildenden Kräfte der Religion für die Lösung dieser Aufgaben zu mobilisieren. Ich bin fest davon überzeugt, dass dies eine entscheidende Bedingung für unseren Erfolg im Bereich der Politik sein wird.

Staat und Islam in Europa*

Am 4. Mai 1493 legte Papst Alexander VI. in der Bulle *Inter caetera* die Demarkationslinie zwischen spanischen und portugiesischen Gebieten in der Neuen Welt fest. Wohlgemerkt, der Papst grenzte weltliche Territorien ab – auf Bitte einer europäischen Großmacht. Zu dieser Zeit teilten Staat und Kirche selbst Gebiete auf, die man noch gar nicht entdeckt hatte. So funktionierte das damals mit der globalen Integration: einfach den Meridian auf 38 Grad West verschieben, und alles westlich davon – einschließlich Amerika –, was noch gar nicht so richtig entdeckt war, wurde spanisch, und alles östlich – Afrika und Asien – wurde portugiesisch. Auf den Tag genau ein Jahr später, am 4. Mai 1494, landete dann der italienische Seefahrer in spanischen Diensten Cristóbal Colón, genannt Kolumbus, auf der neu entdeckten, also spanischen Insel Jamaika.

In dieser Zeit, Ende des 15., Anfang des 16. Jahrhunderts, wäre eine Rede zum Thema „Staat und Islam in Europa" schnell zu Ende gewesen. „Der Staat" wäre da-

---

* Der Text basiert auf der Rede von Bundesminister Dr. Wolfgang Schäuble im Rahmen der Otto-Karrer Vorlesung an der Theologischen Fakultät der Universität Luzern am 4. Mai 2007

mals mehr oder weniger feudalistisch gewesen, „das Christentum" als Religion des Westens einheitlich durch den Papst repräsentiert und der Islam die Bedrohung vor den Toren Wiens. Der Weg der Trennung von Staat und Religion ist in der Zwischenzeit in Europa ein blutiger gewesen, und es bedurfte noch einer langen, oftmals von Gewalt geprägten Geschichte, bis in Europa freie Bürger verschiedenen Glaubens friedlich miteinander und nebeneinander leben konnten. Wir brauchten ja gar nicht den Islam zum Streiten. Das hatten wir schon zwischen den christlichen Konfessionen hinreichend geschafft.

Zwar wurden 1555 mit dem Augsburger Religionsfrieden die ersten Schritte auch hin zur Religionsfreiheit gemacht. Doch erst nach 30 grausamen Jahren eines innereuropäischen Krieges kam man 1648 zu der Erkenntnis, dass Staaten souveräne Gebilde sein sollten, die ihre inneren Angelegenheiten selbst regeln. Dass diese Grundvoraussetzung unseres modernen Staatsbegriffes – nationale Souveränität – in ihrer Übersteigerung auch nicht ohne Probleme war, zeigt die europäische Geschichte mit all ihren Kriegen bis weit ins 20. Jahrhundert hinein.

Jetzt löst sich diese Ordnung – die wir uns angewöhnt haben, die westfälische Ordnung zu nennen – in der Globalisierung, in Zeiten von *failing states*, internationalem Terrorismus und *asymmetric warfare*, nicht zuletzt als Übersteigerung im Zeitalter der Ideologien auch schon wieder teilweise auf. Aber das steht auf einem anderen Blatt. Das Verhältnis von Staat und Religion in Europa ist immerhin grundsätzlich im Sinne einer Absage an fundamentalistische Ansätze weitestgehend unbestritten.

Das ist das Ergebnis eines langen Ringens im christlich geprägten Europa, von der Reformation beeinflusst, Erbe der Aufklärung und heute auch in der römischen Kirche nicht mehr bestritten. Staat und Religion sind immer aufeinander angewiesen, aber sie sind doch rechtlich und politisch klar getrennt. Und das ist eine notwendige Voraussetzung für die Universalität der Menschrechte.

Rangen die Europäer über Jahrhunderte um das Verhältnis von Staat und christlicher Religion, so verliefen die Kontakte Europas mit dem Islam erst recht ambivalent. „Europa und der Islam – diese Gegenüberstellung hat immer etwas Konfrontatives," beginnt der italienische Historiker Franco Cardini sein gleichnamiges, noch unbeeindruckt vom islamistischen Terror geschriebenes Standardwerk. Und es stimmt: Die Feldzüge der Mauren, die Kreuzzüge des christlichen Abendlandes, die Expansion des Osmanischen Reiches oder die Auseinandersetzungen auf dem Balkan – das alles ist blutiger Teil europäischer Geschichte. Und es hat sich in das historisch-kulturelle Gedächtnis von Europäern so sehr wie von Muslimen eingebrannt.

Aber natürlich gab es auf der anderen Seite zwischen Muslimen und Europäern auch immer wechselseitige geistige, kulturelle, soziale Befruchtungen und Inspirationen. Muslimische Gelehrte waren Mitbegründer der geistigen Grundlagen des mittelalterlichen Europa, da sie nicht nur die Quellen des griechischen Denkens retteten und verbreiteten, sondern auch ihren eigenen Beitrag zu Kultur, Wissenschaft und Geistesleben erbrachten, wenn wir etwa nur an die Astronomie oder an die Medizin denken.

Die Spuren islamischen Lebens in Europa reichen also weit zurück. Muslime haben in vielfältiger Weise unsere Geschichte und unsere Kultur bereichert. Dass sich die religiös neutralen, freiheitlichen Staaten Europas heute in besonderer Weise des Dialogs mit den Muslimen annehmen, hat nun weniger mit dem kulturellen Erbe zu tun als vielmehr mit den drängenden Fragen des Zusammenlebens in der Gegenwart. Islamistische Bestrebungen forcieren die „Islamisierung" Europas im Sinne eines – von der überwiegenden Mehrheit der bei uns lebenden Muslime nicht geteilten – totalitären Islam-Verständnisses.

Umgekehrt empfinden viele Muslime die gegenwärtige Globalisierung unter den Vorzeichen des westlichen Modells freiheitlicher Marktdemokratien als Affront gegen ihre religiös geprägten Werte. In Europa sind muslimische Zuwanderer mit den Anforderungen eines Gesellschaftsmodells konfrontiert, das sich von dem ihrer Herkunfts- oder Heimatländer erheblich unterscheidet. In diesem Spannungsfeld gegenläufiger Forderungen und Entwicklungen – wenn man so will: Islamisierung Europas versus Europäisierung des Islam – gewinnt das Verhältnis von Staat und Islam in Europa weit über religiöse oder rechtliche Fragen hinaus Bedeutung. Also ist das Verhältnis zwischen Staat und Islam zugleich von historischer Brisanz und von brisanter Aktualität.

Wenn ich den Blick für einen Moment in die Vergangenheit gerichtet habe, so aus folgendem Grund: Wenn es Jahrhunderte gedauert hat, das Verhältnis von Staat und christlicher Religion in Europa friedlich zu regeln – und es hat Jahrhunderte gedauert –, dann wäre es vermessen zu erwarten, dass sich die aktuellen Probleme zwischen Staat und Islam in Europa im 21. Jahrhundert gewissermaßen über Nacht oder ohne Kontroversen lösen ließen. Bezüglich unserer Islamkonferenz, die wir im September 2006 in Deutschland begonnen haben, fragen Zeitungen immer wieder, warum wir immer noch kein abschließendes Ergebnis hätten. Das ist aber nun wirklich Unsinn. Es wird schon ein paar Jahre dauern – hoffentlich keine Jahrhunderte, aber etwas mehr Zeit werden wir uns schon nehmen müssen, um noch ein wenig intensiver miteinander zu kommunizieren und zu diskutieren.

Die Frage, wie ein Staat und die in ihm ansässigen Religionsgemeinschaften – seien das nun Muslime oder Christen – ihr Verhältnis regeln, gleicht ein wenig der berühmten Gretchenfrage im Faust: „Nun sag, wie hast Du's mit der Religion?" In unserem Fall fragt Gretchen da nicht nach dem Bekenntnis von Dr. Faust, sondern eigentlich richtet der souveräne Staat die Frage an sich selbst: „Wie hast Du es, wie haben wir es mit der Religion?"

Wenn man bedenkt, was der Begriff „Gretchenfrage" eigentlich umgangssprachlich meint – nämlich eine Frage, die dem Gefragten eher unangenehm ist, da sie ein Bekenntnis verlangt, um das sich der Betreffende bisher herumgedrückt hat –, so ist die Frage, die uns der Islam stellt, vielleicht tatsächlich eine Gretchenfrage, um die wir uns in Deutschland gern ein bisschen herumgedrückt haben. Offenkundig ist aber ein weiteres Herumdrucksen beim Thema Staat und Islam keine sinnvolle Option. In Deutschland leben über 3 Millionen Muslime, und in der Schweiz hat die Zahl der Muslime dem Schweizerischen Statistischen Bundesamt zufolge zwischen 1980 und 2000 auch von 56.600 auf 310.800 zugenommen.

Ein Nebeneinanderher ist nicht nur wenig wünschenswert, sondern es ist faktisch gar nicht mehr möglich. Die in jeder Hinsicht neue Dimension der Zuwanderung von Muslimen in die christlich geprägten Staaten Europas stellt eben beide Seiten – Staat und Zuwanderer – vor die Herausforderung der Integration. Und so kommen wir nicht umhin, uns dem Verhältnis von Staat und Islam aus dieser Perspektive zu nähern. Denn ohne nachhaltige Integration drohen Probleme im Zusammenleben zu eskalieren.

Wir sehen dies auch daran, dass wir inzwischen auch Probleme mit Muslimen haben, die in Europa geboren sind und in der zweiten oder dritten Generation hier leben – oder auch mit Menschen, deren Vorfahren schon immer in Europa gelebt haben, die aber zum Islam konvertiert sind. Die Sicherheitsbehörden reden in diesem Zusammenhang vom Risiko des so genannten *homegrown* Terrorismus. Aber ich will Probleme bei der Integration von Muslimen keinesfalls auf das Problem des Terrors und seiner Bekämpfung reduzieren. Das wäre ein völliges Missverständnis und würde der Friedlichkeit der großen Mehrheit der Muslime, die nicht besser und nicht schlechter als die große Mehrheit der Christen ist, Unrecht tun.

Otto Karrer wusste um die Sprengkraft von unterschiedlichen religiösen Überzeugungen. Diese Sprengkraft ist auf unserem verhältnismäßig kleinen und dicht besiedelten europäischen Kontinent besonders groß. Andere – auch Amerika – haben es da ein Stück weit besser. Sie sind viel weniger dicht besiedelt und können so auch ohne größere Probleme schlicht nebeneinanderher leben, während wir das in der europäischen Dichte und Vielfalt nicht vermögen. Das ist europäische Geschichte.

Zu den Schülern von Karrer gehörte auch Karl Rahner, von dem der Satz stammt: „Die unbequemste Art der Fortbewegung ist das Insichgehen." Auch Karrer hatte das erkannt. Er wusste, dass er beim Dialog mit anderen Konfessionen bereit sein musste, sich selbst die Frage zu stellen: Was glaube ich eigentlich, wie sieht mein innerer Kompass aus? Genau dieses Infragestellen muss sich jeder gefallen lassen, der von Anderen Integrationsbereitschaft verlangt. Das ist die Voraussetzung für Dialog – auch und gerade mit dem Islam.

Ganz offenkundig hat – das zeigt ein Blick in andere europäische Staaten – die Frage nach dem Verhältnis von Staat und Islam auch eine europäische Dimension. Die Frage „Wie hast Du's mit der Religion?" steht – wie viele europäische Fragen – inzwischen auf der Tagesordnung. Sie war übrigens auch eine der umstrittensten Fragen in der Formulierung des Entwurfs eines europäischen Verfassungsvertrages, den wir so wahrscheinlich nicht haben, aber irgendwie wohl doch hoffentlich voranbringen werden.

Es ist eben so, dass Religion und Politik starke Identitätsstifter und vielen Menschen auch Herzensangelegenheit sind, die dazu einladen, aus innerer Überzeugung Trennlinien zu ziehen. Aber so sehr es sich bei Religion um eine persönliche Angelegenheit handelt, angesichts der Brisanz des Verhältnisses von Staat und Islam können wir uns in Europa der Antwort auf die Gretchenfrage nicht länger entziehen.

Wie also integrieren wir Menschen in unsere Gesellschaft, deren religiöse Identität sich zuweilen deutlich von unserer eigenen Identität unterscheidet? Was bedeutet eigentlich dieser schillernde, oft gebrauchte und fast genauso oft missverstandene Begriff von Integration?

Wahrscheinlich ist es leichter, die zweite Frage vor der ersten zu beantworten. Worauf bezieht sich Integration? Wann können wir von gelungener Integration sprechen? Wenn man versucht, das abstrakt zu definieren, ist es ziemlich kompliziert. Das ist so ähnlich wie mit der Frage, was es eigentlich heißt, Schweizer oder Deutscher zu sein. Definieren Sie es einmal abstrakt! Mir ist der Berliner Theologe Richard Schröder sympathisch, der auf die Frage, was deutsch sei, einmal gesagt hat: nichts Besonderes, aber etwas Bestimmtes.

Also hat Integration etwas mit Zugehörigkeit zu tun: mit Zugehörigkeit zu einer Gemeinschaft, mit gemeinsamen Erinnerungen, wahrscheinlich auch mit einem gemeinsamen Verständnis von der Zukunft, oder – wie es der vor kurzem verstorbene Soziologe Hondrich beschrieben hat – mit geteilten Gefühlen und emotionalen Beziehungen. Wir haben das 2006 bei der Fußball-Weltmeisterschaft gespürt. Sie war wahrscheinlich eines der gelungensten Integrationsprogramme, die wir in Deutschland seit langem hatten.

Integration heißt nicht einfach Assimilation an ein althergebrachtes, europäisches Lebensmodell. Wenn wir die Wirklichkeit unserer Städte und Gemeinden anschauen, so ist vieles unendlich viel bunter, offener, vielfältiger als früher geworden. Alles unterliegt einem schnelleren und tiefgreifenderen Wandel, als es wahrscheinlich die Angehörigen noch meiner Generation lange wahrgenommen haben oder wahrnehmen wollten.

Natürlich gab es auch früher zwischen Generationen unterschiedliche Vorstellungen davon, wie man lebt, und damit einhergehend auch immer Veränderungen in der Art zu leben. Aber ich habe schon den Eindruck, dass sich das Tempo der Veränderungen beschleunigt. Das mag auch – wenngleich sicher nicht nur – mit der Globalisierung zusammenhängen. Unsere Gesellschaften sind durch die zunehmende Vernetzung von Informationen und Menschen schnelleren Veränderungsprozessen unterworfen. Weil Austausch und Vernetzung immer stärker auch über kulturelle und nationale Grenzen hinweg stattfinden, werden unsere Gesellschaften in sich heterogener.

Zu dieser Entwicklung, die im Wesentlichen auf dem technischen Fortschritt beruht, kommen noch die Brüche des 20. Jahrhunderts, die insbesondere in Mitteleuropa und natürlich vor allem in Deutschland die Menschen tief verunsichert haben. Das wirkt nach.

Beides zusammen führt zu einer gewissen Entwurzelung und dies wiederum dazu, dass bei vielen Menschen das Bedürfnis nach Orientierung und Nähe gerade in Zeiten der Globalisierung zunimmt. Die in früheren Zeiten stärker zu beobachtende kulturelle wie religiöse

Assimilation beruhte vermutlich auch darauf, dass die Gesellschaften damals abgeschlossener und einheitlicher waren – und somit auch einheitlicher in ihren Lebens- und Wertvorstellungen –, während unsere gesellschaftliche Wirklichkeit heute viel offener ist.

Aber jede stabile freiheitliche Ordnung gründet sich auf ein möglichst hohes Maß an freiwilliger Übereinstimmung und gemeinsamen Vorstellungen. Das ist die Grundlage für Patriotismus – oder wie immer man es nennen mag. Man kann dies auch mit dem – zumindest in Deutschland – in diesem Zusammenhang viel zitierten Satz des Freiburger Rechtslehrers Böckenförde formulieren, nach dem die freiheitliche Demokratie auf Voraussetzungen beruht, die sie selbst nicht zu schaffen vermag – gemeinsamen Vorstellungen, wie man lebt, wie man zusammen lebt, wie man es miteinander aushält.

Je mehr an solcher Gemeinsamkeit vorhanden ist, umso weniger braucht man Staat, Reglementierung, Bürokratie und umso geringer ist die Gefahr, dass die freiheitliche Ordnung untergraben wird. Das ist für mich der Grund, warum wir ein hinreichendes Maß an Zugehörigkeit, Zusammengehörigkeit, Identität brauchen, warum Integration gelingen muss.

Um noch einmal Goethe zu zitieren: Was ist des Pudels Kern, wenn es um erfolgreiche Integration geht? Gemeinsame Identität, sagen manche, sei ein bisschen viel verlangt und sei auch zu kompliziert. Aber Zusammengehörigkeit und Zugehörigkeit sind meines Erachtens schon das Ziel von Integration. Vielleicht kann man es auch einfacher sagen: Menschen, die hier leben, sollten sich auch hier heimisch fühlen, sie sollten das Gefühl haben, hier daheim zu sein. Das bedeutet, sich wohl zu fühlen und vertraut zu sein.

Deswegen muss es gelingen, dass auch und gerade Muslime, die als Zuwanderer zu uns gekommen sind oder die schon in der zweiten, dritten, vielleicht sogar vierten Generation hier leben, sich hier sicher, zu Hause, daheim fühlen. In einem Europa, in dem sie sich nicht zu Hause oder gar ausgegrenzt fühlen, werden sich Muslime niemals integrieren wollen.

Also ist Integration keine Einbahnstrasse, sondern ein zweiseitiger Prozess. Sie setzt voraus, dass die Zuwanderer hier heimisch werden wollen. Wer das partout nicht will, wer beispielsweise nicht will, dass seine Kinder – im Besonderen seine Töchter – in einer offenen westlichen Gesellschaft aufwachsen, weil ihn daran vieles stört, der trifft eine falsche Entscheidung, wenn er auf Dauer in Mitteleuropa lebt. Man muss die Bedingungen des neuen Heimatlandes akzeptieren.

Aber umgekehrt müssen diejenigen, die schon länger hier leben, auch wollen und sich bemühen, dass die Zuwanderer heimisch werden. Und wir müssen wissen, dass sich dadurch auch unsere Lebensverhältnisse und damit wir selbst im Laufe der Zeit weiterentwickeln und verändern werden. Insofern ist Integration wirklich keine Einbahnstraße.

Wenn man sich also bemüht, von beiden Enden des Seils auf diesen gordischen Knoten der Integration zu blicken, dann wird deutlich, dass Integration beiden Seiten, den Aufgenommenen wie den Aufnehmenden, einiges abverlangt. Es nicht nur ein Gebot der Ehrlichkeit, diese Anforderungen beim Namen zu nennen, sondern auch der einzig vernünftige Weg, um tatsächlich zu einem Miteinander zu kommen.

Wahrscheinlich hat sich kaum jemand ernsthaft Gedanken gemacht in den 50er, 60er und 70er Jahren, als die Migranten zu uns kamen – die damals jedenfalls in Deutschland noch Gastarbeiter hießen –, wie es mit der Integration klappen soll. Als sie kamen, hatte zunächst auch kaum jemand die Vorstellung – die Gastarbeiter selbst am allerwenigsten –, dass sie auf Dauer hier bleiben würden.

Später ist man mehr oder weniger davon ausgegangen, dass sich die Anfangsschwierigkeiten irgendwie im Laufe der Jahrzehnte schon von alleine lösen würden, zumindest im Laufe der Generationen. So ist es ja auch in früheren Zeiten gewesen. Natürlich hat das auch in vielen Fällen gut funktioniert. Aber bei den Zuwanderern, die etwa aus der Türkei nach Deutschland gekommen sind, ist der Integrationserfolg bis auf den heutigen Tag sehr unterschiedlich.

Es gibt viele, die gut, sehr gut integriert sind. Aber viele sind es eben auch leider nicht. Natürlich hat das auch damit zu tun, dass Menschen, die aus Anatolien gekommen sind, zwar günstige Arbeitskräfte waren – deswegen hat man sie ja auch angeworben –, aber auch geringere Chancen hatten, sich in der Modernität einer mitteleuropäischen Gesellschaft zurechtzufinden. Ich bin mir nicht einmal sicher, ob diese Menschen sich in Istanbul wirklich gut integrieren würden.

Paradoxerweise betreffen die Integrationsprobleme, die wir in Deutschland feststellen, die zweite und dritte Generation – also die Kinder und Kindeskinder der Zuwanderer – stärker als die erste Generation. Das ist in anderen europäischen Ländern ganz ähnlich, obwohl dort die Zusammensetzung der Bevölkerung, Migrationsursachen und die Verhältnisse zum Teil ganz unterschiedlich sind – in Frankreich und Großbritannien hat man beispielsweise das Sprachenproblem fast gar nicht.

Aber trotz vielfältiger Unterschiede in unseren Ländern verläuft die Entwicklung, dass die Integrationsdefizite von Generation zu Generation nicht kleiner, sondern größer werden, parallel. Offenbar machen viele junge Migranten die Erfahrung zu scheitern, unterlegen und ausgeschlossen zu sein. Das führt zu Abgrenzung und Rückzug und im schlimmsten Fall auch zu Spannungen und Gewalt.

Was also können wir tun, um diesen Kreislauf der Desintegration, der sich in vielen europäischen Staaten zeigt, zu stoppen? Um nur ein paar Stichworte zu nennen: Maßnahmen der Sprachförderung sind ein wichtiges Element zur Lösung der Integrationsprobleme, wobei ich schon erwähnte, dass Sprachkompetenz eine notwendige, aber – wie man an Frankreich oder Großbritannien sieht – keine hinreichende Bedingung für gelingende Integration ist.

Schulische Verbesserung und bessere Ausbildung hängen miteinander zusammen – und damit wiederum bessere Chancen der Integration durch den Arbeitsmarkt. Je mehr die Menschen im Arbeitsmarkt integriert sind, umso mehr bessert sich ihr Lebensstandard und ihre Teilhabe an der Gesellschaft. Das ist – neben den sozialen Kontakten zu Arbeitskollegen – grundlegend für das Gefühl von Zugehörigkeit – übrigens wiederum auf beiden Seiten der Gesellschaft. Deswegen ist die Wirtschaft auch einer der besten Integrationsmotoren.

Darüber hinaus müssen wir den Menschen mit Migrationshintergrund vermitteln, dass der Staat Integration unterstützen, aber dem Einzelnen den eigenen Integrationsprozess keineswegs abnehmen kann. Deswegen machen wir Angebote im Sinne von Fördern und Fordern. Die Hilfe des Staates kann den Einzelnen von seiner Verantwortung für sich nicht entbinden – und auch nicht die Eltern von der Verantwortung für ihre Kinder entlasten. Integrationspolitik kann immer nur fördernde Begleitung eines im Wesentlichen eigendynamischen Integrationsprozesses sein.

Deswegen muss man sich neben staatlichen Hilfen und Angeboten immer auch selbst in Pflicht und Verantwortung fühlen, sonst wird es nicht gelingen. Deswegen ist die Teilnahme an Integrationsmaßnahmen in Deutschland nicht nur ein freiwilliges Angebot. Der staatlichen Unterstützung steht die Erwartung gegenüber, dass Zuwanderer – im eigenen wie im gesellschaftlichen Interesse – die Verantwortung für ihre individuellen Integrationsprozesse auch übernehmen.

Der frühere Präsident der Akademie der Künste in Berlin, György Konrád, hat diese Erwartungshaltung einmal so ausgedrückt: „Der Preis für ein Bleiben heißt Lernen. Ein Einwanderer muss viel lernen: eine Sprache, eine lokale Kultur, ein komplexes System von Rechten und Pflichten. Teilweise muss er seine eigenen Normen außer Kraft setzen. Nicht vergessen, nicht aufgeben soll er sie, jedoch nur in einem Maße befolgen, anwenden und bewahren, so dass die Normen des Aufnahmelandes nicht auf eine Weise verletzt werden, die heftigen Widerstand auslöst."

Die so beschriebene Integration der Muslime in unsere vom christlichen Erbe geprägten europäischen Gesellschaften ist eine der Schlüsselaufgaben unserer Zeit, die für beide Seiten Veränderung bedeutet.

In meiner Heimat, in der Ortenau, am Rande des Schwarzwalds haben wir heute fast in jeder kleineren Stadt mit 6.000 bis 10.000 Einwohnern eine Moschee. Das war vor 20 Jahren noch völlig unvorstellbar. Insofern ist muslimisches Leben – nicht nur in Berlin und den großen Metropolen – Teil unserer Lebenswirklichkeit. Wir müssen das wissen, und wir müssen es akzeptieren. Das gehört zur Integration: Wir müssen lernen, miteinander zu leben.

Das ist auch der Sinn der Deutschen Islam Konferenz, mit der wir versuchen, eine institutionelle Beziehung zu den Menschen islamischer Religion in unserem Lande aufzubauen. Wir können das, was in einer jahrtausendealten Geschichte zwischen Staat und christlichen Kirchen gewachsen ist, nicht eins zu eins auf den Islam übertragen, weil der Islam ganz anders organisiert ist und sich ganz anders versteht als die christlichen Kirchen. Aber wir müssen die Beziehungen zu Muslimen besser pflegen und darauf hinwirken, dass sich muslimisches Leben innerhalb unserer freiheitlichen Ordnung und innerhalb des Religionsverfassungsrechts unseres Grundgesetzes entfaltet.

Die Deutsche Islam Konferenz ist ein auf längere Zeit angelegter Prozess. Wir tagen permanent in Arbeitsgruppen und stellen alle halbe Jahre die Ergebnisse öffentlich vor. Der Weg ist das Ziel: Die Diskussion unter den Muslimen in ihrer Vielfalt und zwischen Vertretern unseres Staates – Bund, Länder und Gemeinden – und der Vielfalt muslimischen Lebens in Deutschland ist der eigentliche Wert. Insofern ist mir jede öffentliche Kontroverse über solche Fragen immer erwünscht. Praktische Vereinbarungen im Einzelnen kommen dabei wahrscheinlich auch einmal heraus.

Alledem liegt der Gedanke zugrunde, dass der Islam eben nicht wie die christlichen Kirchen verfasst ist, dass es auch keine repräsentative Organisation der Muslime gibt. Wir können von staatlicher Seite auch nicht anordnen, wie sich Muslime zu organisieren haben. Das ist unserem Freiheitsverständnis völlig entgegengesetzt. Aber ebenso wenig können in Deutschland die Länder, die für den Schulunterricht zuständig sind, nach der Ordnung unseres deutschen Grundgesetzes einfach Islamunterricht in Schulen einführen, wenn sie nicht einen islamischen Partner dafür haben.

Wir begreifen Religionsfreiheit nach unserem Grundgesetz im Lichte unserer staatskirchenrechtlichen Erfahrungen mit den öffentlich-rechtlich verfassten Kirchen in Deutschland. Das ist eine ganz andere Situation als im laizistischen Frankreich. Unser Grundprinzip ist, dass der

Staat Religionsunterricht nicht verordnet, sondern partnerschaftlich mit den Religionsgemeinschaften organisiert. Deswegen brauchen wir eine Entwicklung in der islamischen Gemeinschaft, die sie partnerschaftsfähig macht. Dazu muss die islamische Gemeinschaft die Vielfalt und Verschiedenheit in ihren eigenen Reihen akzeptieren.

Wenn wir uns an die europäische Geschichte erinnern, sehen wir, wie viele Kriege wir in Europa zwischen unterschiedlichen christlichen Gruppierungen und Religionen geführt haben. Meines Erachtens ist in den kommenden Jahren, weltpolitisch gesehen, die innerislamische Auseinandersetzung die größere Sorge. Auch deswegen ist wichtig, dass die Muslime möglichst schneller als die Christenheit in vergangenen Jahrhunderten lernen, mit dieser Vielfalt umzugehen, ohne dass es neue, gewalttätige Exzesse braucht.

Die Gründung des Koordinationsrates der Muslime in Deutschland umfasst vier Verbände, die etwa 10 Prozent der Muslime vertreten. Also kann dieser Koordinierungsrat als Interessenverband nicht – das muss ich in aller Freundlichkeit sagen – der einzige Partner für den Staat in Deutschland sein.

Über alle diese Fragen diskutieren wir. Das zeigt, dass es gar nicht so leicht für Muslime ist, sich an das Religionsverfassungsrecht unseres Grundgesetzes anzupassen. Dennoch sind wir uns in der Islamkonferenz einig, dass wir keine *lex islamica* in Deutschland brauchen, um eine gleichberechtigte Entfaltung des Islam zu ermöglichen, sondern dass die Ordnung unseres Grundgesetzes auch für Muslime eine geeignete Ordnung ist, wenn sie Pluralismus akzeptieren. Das müssen sie ohnedies, wenn sie in Europa heimisch werden wollen. Andernfalls werden sie nicht heimisch, denn wir sind nicht bereit, die Regeln von Toleranz, Offenheit, Vielfalt und Pluralismus zur Disposition zu stellen.

Die Deutsche Islam Konferenz hilft Muslimen, Voraussetzungen für eine Partnerschaft zu schaffen. Aber das heißt auch, dass Muslime, die auf Dauer in Deutschland, in Europa leben wollen, akzeptieren müssen, dass die Regeln gelten, die Voraussetzung für Demokratie, Rechtsstaatlichkeit und Freiheit sind. Alle muslimischen Vertreter in der Deutschen Islam Konferenz – ob in Verbänden organisiert oder nicht – haben von sich aus betont, dass das Grundgesetz geradezu eine vorbildliche Ordnung für das Leben in Freiheit und Vielfalt sei, dass sie sich eben nicht eine andere Ordnung wünschen. Das ist Beweis dafür, dass sie die Vorzüge unserer von christlichem Erbe und christlichen Traditionen geprägten Ordnung der Freiheit und Toleranz verstehen und auch für sich akzeptieren.

Die Muslime können unsere Gesellschaft mitgestalten – aber das setzt voraus, dass sie auf die Scharia als politische Ordnung verzichten müssen. Auch deswegen haben wir mit der Deutschen Islam Konferenz den Dialog mit den Muslimen auf eine institutionalisierte Grundlage gestellt.

Dass wir miteinander im Gespräch sind und die Sprachlosigkeit vergangener Jahre oder Jahrzehnte überwunden haben, wird von fast allen als Gewinn angesehen. Der Mensch ist – wie Aristoteles schrieb – ein *zoon logon echon*. Die Begabung zu Sprache und Vernunft ermöglicht ihm, sich politisch zu betätigen, sich einzubringen und Teil eines größeren Ganzen zu sein. Erst im Dialog – und das ist es, was Aristoteles meint – kann Sprache zu Verständigung führen.

Mein Eindruck ist, dass wir in grundsätzlichen Fragen eine gewisse Annäherung in diesem Prozess erleben. Sie betrifft zum Beispiel die Frage, welcher Stellenwert Religion in einer freiheitlichen und säkularen politischen Ordnung zukommt. Auch in so schwierigen Detailfragen wie der Einführung eines islamischen Religionsunterrichts kommen wir – trotz mancher Hindernisse in der Organisationsproblematik – voran. Wir haben jetzt eine Arbeitsgruppe eingesetzt, die sich mit den konkreten rechtlichen Voraussetzungen befasst.

In einigen Bundesländern werden bereits Versuche durchgeführt, und ich bin ziemlich sicher, dass wir in wenigen Jahren die Voraussetzungen geschaffen haben, damit der Staat gemeinsam mit muslimischen Partnern islamischen Religionsunterricht in deutscher Sprache und von in Deutschland ausgebildeten Lehrerinnen und Lehrern aufgrund von Curricula, die mit dem Grundgesetz in völliger Übereinstimmung sind, einführen kann.

Wir sind uns auch einig, dass die Medien einen größeren Beitrag zum Abbau von Ängsten und zu mehr Bewusstsein für die Vielfalt auch muslimischen Lebens in unserer Gesellschaft leisten können. Auch wenn in vielen anderen Fragen noch intensive Klärungsprozesse vor uns liegen: Die Tatsache, dass wir in der Islamkonferenz Meinungsverschiedenheiten offen benennen, austragen und auch aushalten, ist schon ein Wert an sich.

Wenn man sich anschaut, wie die Vertreter der Verbände und die Vertreter muslimischen Lebens, die ich als Unabhängige oder auch Islamkritiker eingeladen habe, zusammensitzen und miteinander streiten, dann sind wir auf einem guten Weg. Und nach jedem Streit bestätigen wir uns gegenseitig, dass wir genau in der gleichen Zusammensetzung fortfahren wollen. Ich mache auch immer wieder klar, dass ich eine Alternative hierzu nicht akzeptieren würde. Und so entsteht auf Seiten der Muslime auch ein neues Gefühl, wahrgenommen und akzeptiert zu werden.

Ich will noch eine Bemerkung zu der Frage machen, ob es dabei auch eine europäische Dimension gibt. Ich sagte ja, das Problem ist vielen europäischen Ländern gemeinsam. In der Tat ist der Islam nicht nur ein Teil Deutschlands, sondern ein Teil Europas geworden. Die Integration des Islam ist eine Herausforderung wirklich europäischer Größenordnung. Menschen zu integrieren, ihnen zu helfen, sich zugehörig zu fühlen, ist übrigens auch das, was das Zusammenwachsen unseres Kontinents insgesamt vorangebracht hat und was uns bei allen Irrungen und Schwierigkeiten eine der längsten Friedensperioden unserer Geschichte eingebracht hat und auch für die Zukunft ermöglicht.

Die Herausbildung einer gemeinsamen, europäischen, kulturellen Identität bleibt Voraussetzung und Folge dieses Prozesses zugleich. So erklärt sich, warum alle Fragen einer Erweiterung der Europäischen Union bis hin zur Frage der Mitgliedschaft der Türkei nicht nur Fragen der Finalität des europäischen Einigungsprozesses sind, sondern vielmehr auch Fragen der europäischen Identität. Was uns über Jahrzehnte zwischen europäischen Nationen mehr und mehr gelungen ist, muss uns heute und in Zukunft auch innerhalb unserer zunehmend heterogen gewordenen Gesellschaften gelingen – nämlich Integration durch Dialog.

Beide Fragen interkulturellen Dialogs – Förderung des Verstehens und Klärung offener Fragen des Zusammenlebens – erfordern neben der wechselseitigen Bereitschaft zum Verstehen des jeweils Anderen auch ein klares Verstehen der eigenen Position. Also müssen wir uns der kulturellen wie religiösen Wurzeln und Grundlagen europäischen Denkens und Handelns bewusst werden, wie sie sich über Jahrhunderte oder gar Jahrtausende entwickelt haben. Indem wir elementare Fragen staatlicher und gesellschaftlicher Ordnung mit Angehörigen einer anderen als der christlichen Religion diskutieren, wird uns zugleich auch besser bewusst, in welchem Maße die Prinzipien des Zusammenlebens in unseren europäischen Demokratien von aufgeklärter christlicher Ethik geprägt sind.

Natürlich sind diese Werte und Prinzipien nicht allein dem christlichen Erbe geschuldet oder dem Christentum exklusiv zuzuschreiben. Daran sollten wir uns erinnern, wenn wir den Dialog mit Muslimen führen. Wir können unser Bemühen, Muslimen Wege in unsere Gesellschaft und zu mehr Teilnahme zu ebnen, auch als Chance verstehen, zu einem noch vielfältigeren Ganzen zusammenzuwachsen.

Der interreligiöse Dialog kann das notwendige Verstehen, das gegenseitige Verstehen fördern. Er kann aber nicht politische Probleme lösen. Das bleibt dem Dialog zwischen Staat und Muslimen vorbehalten, der die Entfaltung des Islam innerhalb des Rahmens unserer freiheitlichen europäischen Verfassungsordnungen fördern soll. Ich habe auch bei der Deutschen Islam Konferenz immer großen Wert darauf gelegt, dass sie nicht missverstanden wird als ein interreligiöser Prozess. Den müssen Kirchen mit dem Islam führen. Der Staat führt bei uns nicht *religiöse* Dialoge. Wir führen als Staat einen Dialog mit Vertretern muslimischen Lebens in Deutschland.

Bei aller Dialogbereitschaft kann es keinen Zweifel geben, dass sich der Islam, wie er in unseren freiheitlichen Gesellschaften gelebt wird, im Sinne einer vollständigen Akzeptanz unserer Rechts- und Werteordnung entwickeln und damit insoweit auch „europäisieren" muss. Wenn der Islam und weil er ein Teil Europas ist, muss er sich auch „europäisieren". Nur wer jeden Absolutheitsanspruch ablegt, kann Teil einer pluralistischen, freiheitlichen und demokratischen Ordnung sein. Umgekehrt werden die europäischen Gesellschaften lernen müssen, religiöse – nicht aber politische – Besonderheiten des Islam als Facette europäischer Lebenswirklichkeit zu akzeptieren.

Wie schwer all dies nicht nur in Deutschland fällt, zeigen Erfahrungen anderer europäischer Staaten und Gesellschaften: vom britischen *laissez-faire* über den nüchternen Ansatz einer Verkörperschaftlichung in Österreich – dort gibt es eine öffentlich-rechtliche Körperschaft des

Islam noch aus der Zeit des Habsburger Reiches – bis zum stärker assimilierenden Vorgehen unserer französischen Nachbarn, die nun auch ihrer Probleme stärker bewusst geworden sind. Die Ansätze zur Integration von Muslimen und ihres Glaubens sind so vielfältig wie die historisch gewachsenen, kulturell und rechtlich verschiedenen Ausgangsbedingungen in den einzelnen Teilen Europas.

Deshalb wird es eine europäische Religionspolitik auf absehbare Zeit nicht geben. Es wäre auch nicht gut, wenn es sie geben würde. Was die Regelung des Verhältnisses zwischen Staat und Islam anbetrifft, kann die Europäische Union nach unserer Überzeugung nicht wirklich als handelnder Akteur auftreten. Dafür sind die Unterschiede des jeweiligen Verhältnisses von Staat und Religion in Europa zu groß. Deswegen ist auch dies ein Fall, in dem Subsidiarität das Prinzip ist, unter dem europäische Integration nur gewinnen kann.

Aber natürlich sollten die europäischen Staaten und Gesellschaften versuchen, voneinander über die Integration des Islam und der Muslime zu lernen. Deswegen haben wir diese Fragen auch zu einem der Schwerpunktthemen unserer Ratspräsidentschaft gemacht.

Vielleicht steckt darin – wie in der Auseinandersetzung mit dem Verhältnis von Staat und Islam in Europa insgesamt – eine Chance, dass wir uns der Werte und Prinzipien europäischen Denkens und Handelns noch bewusster werden. In einer Welt verschwimmender Grenzen und sich verschärfender Konkurrenzen könnte das von Vorteil sein. So kommt dem interkulturellen Dialog in dem sich globalisierenden Bewusstseins- und Handlungsraum eine doppelte Bedeutung für Europa zu: nach innen die der Verständigung über das Zusammenleben innerhalb unserer freiheitlichen demokratischen europäischen Staaten und Gesellschaften, nach außen die der Verständigung über zwischenstaatliche Beziehungen auch, aber nicht nur mit der Türkei.

Beidem gemeinsam ist die Aufgabe, Verstehen und Verständnis herbeizuführen. Wir müssen gemeinsame Lebensperspektiven in einer konfliktreichen Welt schaffen. Denn am Ende wird allein mit dem Auftragen von Meridianen wie im Jahr 1493 kein Staat mehr zu machen sein.

Menschenrechte als Maßstab der Politik*

1.

Die Situation der Menschenrechte am Beginn des 21. Jahrhunderts ist zwiespältig. Auf der einen Seite steht eine breite und historisch einmalige Anerkennung ihrer Bedeutung und Gültigkeit als Maßstab politischen Handelns. Alle wichtigen internationalen Organisationen und praktisch alle Staaten bekennen sich dazu. Die Achtung der Menschenrechte ist Grundlage der Arbeit der UNO und der Europäischen Union. Und es sind eben nicht nur westliche Regierungen und Gesellschaften, die ihre Durchsetzung fordern. Im Grunde gibt es einen weltweiten Konsens. Dabei darf man nicht übersehen, dass im Konkreten viele Unterschiede bestehen, vor allem ob man individuelle oder soziale Menschenrechte stärker betont. Man sollte sich übrigens als Europäer ein wenig davor hüten zu glauben, es sei nur mit den individuellen Men-

---

* Der Text basiert auf der Rede von Bundesminister Dr. Wolfgang Schäuble bei der Tagung „Macht und Gewissen – Christentum und Menschenrechte in Europa" der Katholischen Akademie Freiburg am 5. April 2008 in Freiburg. Die Veranstaltung war dem Gedenken an Reinhold Schneider gewidmet.

schenrechten getan. Unterschiede werden zudem in der Debatte deutlich, wie sich der Anspruch auf solche allgemeinen Rechte auch mit Pflichten verbindet, die unabdingbar zu den Voraussetzungen unseres Zusammenlebens gehören. Immerhin: Solche Diskussionen setzen den Konsens über die Gültigkeit der Menschenrechte eigentlich schon voraus.

Dem steht freilich eine Wirklichkeit gegenüber, in der die Achtung vor den Menschenrechten und deren Einhaltung ganz und gar nicht zu einer Selbstverständlichkeit geworden sind. In einer ganzen Reihe von Staaten werden die aus unserer Sicht elementarsten menschlichen Rechte, wie das Recht auf körperliche Unversehrtheit oder auf Freiheit der Rede oder der Religion, mit Füßen getreten. Noch schlimmer ist es dort, wo staatliche Ordnung zusammenbricht, vor allem in vom Bürgerkrieg zerrütteten Gesellschaften, wie das zum Beispiel in Liberia oder Somalia viele Jahre lang der Fall gewesen ist. Die Listen, die internationale Organisationen, aber auch einzelne Regierungen jährlich über Menschenrechtsverletzungen veröffentlichen, sind ellenlang und lesen sich erschütternd.

Wie kommt es zu diesem Widerspruch zwischen öffentlicher Anerkennung der Menschenrechte und deren faktischer Verletzung? Natürlich gibt es Heuchelei, auch in der Politik, aber nicht nur dort; und Zynismus ist kein Fremdwort, wenn es darum geht, vor einem internationalen Auditorium Prinzipien zu bejahen, die man zu Hause und im politischen Alltag doch nicht wirklich ernst nimmt. Aber das ist nicht alles. Die Durchsetzung der Menschenrechte stellt für den Politiker auch deshalb eine

Herausforderung dar, weil die Achtung der Menschenrechte im Allgemeinen das eine und die Konkretisierung im Einzelfall das andere ist. Das zeigt sich in der schon angesprochenen Debatte um individuelle und soziale Grundrechte. Dieser Widerspruch wird auch deutlich in der klassischen Formulierung von Art. 2 Abs. 1 GG: „Jeder hat das Recht auf die freie Entfaltung seiner Persönlichkeit, soweit er nicht die Rechte anderer verletzt und nicht gegen die verfassungsmäßige Ordnung oder das Sittengesetz verstößt." Das Grundgesetz, auch die europäische Menschenrechtskonvention lösen diesen Widerspruch auf, indem sie den Eingriff in grundrechtlich geschützte Bereiche grundsätzlich nur durch oder aufgrund eines Gesetzes zulassen. Darin drückt sich aus, dass Menschenrechte der Konkretisierung durch eine Rechtsordnung bedürfen, was mit der Tatsache korrespondiert, dass wir die schlimmsten Menschenrechtsverletzungen gerade in *Failing States* oder *Failed States* haben.

Für diese Rechtsordnung bleiben die Menschenrechte Maßstab. Außerdem gibt es Grundrechte, in die auch durch Gesetz nicht eingegriffen werden kann – die Glaubens- und Bekenntnisfreiheit (Art. 4 GG), die Freiheit von Kunst und Wissenschaft (Art. 5 Abs. 3 GG) zum Beispiel. Sie unterliegen nur den verfassungsimmanenten Schranken, können also zum Schutz kollidierenden Verfassungsrechts eingeschränkt werden. Und in der Europäischen Menschenrechtskonvention ist das Folterverbot (Art. 3) oder auch das Verbot von Sklaverei und Leibeigenschaft (Art. 4) absolut, was im Grundgesetz umfassend in der Unantastbarkeit der Menschenwürde enthalten ist, die der so genannten Ewigkeitsgarantie von Art. 79 Abs. 3 GG unterliegt und auch durch eine verfassungsändernde Mehrheit nicht geändert werden kann.

2.

Menschenrechte als Maßstab der Politik lenken den Blick meines Erachtens zuerst und vor allem auf den Bereich, der nicht verhandelbar ist. Hier lohnt es sich, an den Schriftsteller Reinhold Schneider zu erinnern. Er ist heute eher vergessen; noch in den 60er Jahren war das anders. Das große Thema in Schneiders Werk ist Macht und Gewissen. Für ihn, der durch die NS-Zeit geprägt war, bestand zwischen beiden vor allem Spannung und Widerspruch. Sein bekanntestes Werk trägt den Titel *Las Casas vor Karl V.* (1938). In dieser Erzählung schildert der Autor einen der großen Momente in der Geschichte der europäischen Menschenrechtsidee.

Es ist die Zeit unmittelbar nach der Entdeckung Amerikas, die für Spanien eine Zeit politischer Eroberungen und ökonomischer Expansion ist. Dabei stellt sich die Frage, welche Grenzen dem Umgang mit den amerikanischen Ureinwohnern gesetzt sind: Dürfen sie als Sklaven behandelt werden, solange das der spanischen Nation, ihrer politischen und ökonomischen Macht nutzt? Oder gibt es prinzipielle Gründe, die einer solchen Behandlung widersprechen? 1550/51 kommt es über diese Frage zum sogenannten Disput von Valladolid. Der Dominikanerpater Bartolomé de Las Casas, der Held von Schneiders Erzählung, vertritt in dieser Disputation die Ansicht, dass aus christlicher Sicht auch den Indios Menschenwürde zukomme und dass es deshalb unrechtmäßig sei, diese wie Sklaven zu behandeln. Seine Gründe dafür sind sowohl aus der Tradition des Naturrechts als auch aus der christlichen Schöpfungslehre entnommen.

Im Grunde hat diese Geschichte eine erstaunliche Aktualität. Was uns darin begegnet, ist schon so etwas wie Globalisierung: Auf der einen Seite der Welt werden Entscheidungen getroffen, die für Menschen, die tausende Kilometer entfernt leben, tief greifende Konsequenzen haben. Die ökonomische Verflechtung zwischen den Kontinenten spielt ebenso eine Rolle wie die Gier nach immer mehr Reichtum und Macht. Schließlich zeigt das Beispiel des Las Casas, wie zentral die Bedeutung von Information und Informationszugang ist. Seine Aktivität besteht nicht zuletzt darin, dass er Lateinamerika bereist und die Behandlung der Eingeborenen durch die Spanier detailliert schildert – er ist einer der ersten, der entdeckt, wie viel man in Europa erreichen kann, wenn man die Lebensbedingungen konkreter Menschen dokumentiert und so an die humanitären Instinkte der Öffentlichkeit appelliert.

Das Besondere und Neue ist historisch gesehen die Universalität, die dem Grundgedanken von Menschenwürde oder von Menschenrechten innewohnt und die von Las Casas herausgestellt wird. Die Europäer begegnen in Amerika Völkern, mit denen sie keinerlei historische oder kulturelle Bande verknüpft. Es gibt keine Verwandtschaftsbeziehungen, keine Gemeinschaft der Religion. Welchen Grund kann es da geben, sie *menschlich* zu behandeln? Die Tatsache, dass an dieser Stelle theologische Argumente gebraucht werden, zeigt, wie eng unsere heutigen Vorstellungen von Menschenrechten mit dem Gedanken der Menschenwürde und dieser wiederum mit unserer christlich-jüdischen Tradition zusammenhängt. Hier spielen insbesondere der Bezug auf Gott und der Gedanke der Schöpfung des Menschen als Ebenbild Gottes eine wichtige Rolle. Beides sind übrigens Einsichten, die das Christentum mit anderen Religionen teilt und die gerade auch deshalb in unserer heutigen pluralen religiösen Wirklichkeit nichts von ihrer Bedeutung eingebüßt haben.

Der Gedanke, dass der Mensch als Gottes Ebenbild geschaffen ist, steht in einem offensichtlichen Zusammenhang mit der Vorstellung von einer unaufgebbaren Würde, die jedem Menschen zukommt. Denn hier wird zweierlei ausgesprochen: Zum einen wohnt sie *allen* Menschen inne. Die Würde bezieht sich also auf etwas, das fundamental zum Menschsein dazugehört und nicht Halt macht vor ethnischen, sozialen oder auch religiösen Schranken. Daher die Universalität der Menschenrechte. Zum anderen die hohe Schätzung des Menschlichen, der absolute Wert, der dem Menschen zugesprochen wird, und zwar unabhängig von etwaigen Verdiensten, die Einzelne sich erwerben oder nicht erwerben.

In unsere Verfassungswirklichkeit hat dieser Gedanke Eingang gefunden in der Formulierung das Art. 1, dass die Würde des Menschen unantastbar ist. Dieser Grundsatz gilt unumstößlich; nicht einmal eine verfassungsändernde Mehrheit, wie schon gesagt, könnte ihn ändern. Und das zu Recht. Unsere politische Ordnung, das, was oft als Werteordnung des Grundgesetzes bezeichnet wird, beruht zuallererst auf dem Prinzip der Menschenwürde. Aus diesem Grundsatz sind letztlich die einzelnen Grundrechte entsprungen, die das Fundament unserer freiheitlichen Ordnung ausmachen.

Gleichzeitig sollten wir nicht übersehen, dass der Gedanke der Schöpfung nach dem Ebenbild Gottes unverständlich bleibt ohne den ihm zu Grunde liegenden Gottesglauben. Der Gottesbezug hat nicht zuletzt den Sinn, den Menschen ihre Grenzen vor Augen zu führen. Menschen sollen wissen, dass sie mit ihrem eigenen Leben und Tun in der Verantwortung vor einer Autorität stehen, die sie nicht selbst eingesetzt haben. Dass sie sich auf etwas beziehen, was größer ist als sie selbst. Dass da etwas ist, das von ihnen nicht gemacht, aber von ihnen zu respektieren ist. Dass es bei allem, was sie wollen und tun, nicht nur um sie selbst geht. Das hat dann weit reichende Folgen für politisches und gesellschaftliches Handeln. Wissen um Unverfügbares ist die wichtigste Vorkehrung gegen totalitäre Allmacht und Machtmissbrauch. „Wo immer in der Welt einer nicht mehr weiß, dass er höchstens der Zweite ist, da ist bald der Teufel los", sagte Bischof Reinelt zum 50. Jahrestag der Dresdner Bombennacht.

Der Bezug auf Gott erweist seine Bedeutung für das Zusammenleben der Menschen nicht zuletzt dadurch, dass er unmittelbare und direkte Folgen für das Menschenbild hat, und in diesem Sinn ist er meiner Überzeugung nach auch für die Konzeption von Menschenrechten von grundlegender Bedeutung. Die Verantwortung der Menschen vor Gott ist nie losgelöst von der Verantwortung für den Mitmenschen. Die Grenzen, die wir durch den Bezug auf Gott respektieren lernen, gelten auch für unseren Umgang mit anderen Menschen. Deshalb verbindet das Doppelgebot der Liebe, das im Neuen Testament und auch davor schon in der jüdischen Überlieferung als Zusammenfassung aller Gebote gilt, nicht zufällig die Liebe zu Gott mit der Nächstenliebe. Nächstenliebe heißt dabei allerdings nicht, die Liebe zu dem, der uns aus verwandtschaftlichen, freundschaftlichen oder politischen Gründen besonders nahe steht. Denken wir daran, dass Jesus die Nächstenliebe durch das Gleichnis vom Barmherzigen Samariter verdeutlicht hat. In diesem Sinn ist auch die Verantwortung für Menschen auf der anderen Seite der Erde, seien es amerikanische Ureinwohner wie für die Spanier des 16. Jahrhunderts oder Menschen in Darfur oder Tibet für uns heute, Ausdruck solcher Nächstenliebe.

Noch eine weitere Einsicht ist hier wichtig. Weder der Gedanke der Nächstenliebe noch der der Schöpfung nach dem Ebenbild Gottes haben dazu geführt, dass die Wirklichkeit des Menschen vom christlichen Glauben idealisiert worden wäre. Die Notwendigkeit, Grenzen zu setzen, ist vielmehr der Einsicht entsprungen, dass Menschen dazu tendieren, maßlos sein zu wollen, was letztlich uns selbst, den Mitmenschen und auch der Umwelt schweren Schaden zufügt. Diese Wolfsnatur kommt auch und gerade heute in vielen Situationen zum Vorschein: im Krieg, in Diktaturen, auch im Willen zu absoluter politischer oder ökonomischer Macht. Deshalb sind Institutionen, die diese Arten von Allmacht begrenzen, so wichtig. Deshalb haben wir zum Beispiel auch das Subsidiaritätsprinzip, das es schwer machen soll, zentral immer mehr Macht und Einfluss anzuhäufen. Deshalb haben wir eine Verfassung, die dem, was gesellschaftlich und politisch möglich ist, Grenzen setzt. Deshalb haben wir letztlich auch Menschenrechte. Sie sind da, um Grenzen zu markieren, die wir ansonsten leicht überschreiten würden. Dagegen gelten sie nicht deswegen, weil die Menschen immer und grundsätzlich nur gut sind. Das sind sie nämlich nicht.

Leitet man den Anspruch der Menschenrechte aus einem idealisierten Menschenbild ab, geht das fast zwangsläufig mit Enttäuschung und Frustration einher, wenn man einsehen muss, dass die Menschen eben doch nicht so gut sind, wie man das angenommen und gehofft hatte. Das führt dann oft zu seltsamen und erschreckenden Rückschlägen, wenn die, die noch eben die größten Verfechter universaler Freiheit gewesen sind, über Nacht den revolutionären Terror propagieren, wie es in der französischen Revolution passiert ist, vielleicht auch im real existierenden Sozialismus, wie man es aber auch in manchen Entwicklungen bei uns in und nach 1968 sehen konnte.

Das erinnert dann wieder an die zentrale Bedeutung rechtlich verfasster politischer Ordnung. Ich bekenne gerne, dass ich mit dem häufig angesprochenen angeblichen Gegensatz von Freiheit und Sicherheit meine Schwierigkeiten habe. Die rechtlich gebundene politische Ordnung ist meines Erachtens Voraussetzung für Freiheit und Menschenrechte und gerade nicht Bedrohung, und deshalb scheint mir dem angeblichen Gegensatz von Freiheit und Sicherheit am Ende ein idealisiertes und eben nicht unser christliches Menschenbild zugrunde zu liegen.

3.

Wenn wir an die Bedeutung der christlichen Tradition für unser modernes Verständnis von Menschenrechten erinnern, sollten wir uns vor Triumphalismus hüten. Die Zeit der Konquistadoren war kein Ruhmesblatt europäischer Humanität; Las Casas war am Ende ein einsamer Rufer in der Wüste, ganz ähnlich wie Reinhold Schneider im nationalsozialistischen Deutschland. Das Christentum hat einen entscheidenden Beitrag zur Ausbildung der Menschenrechtsidee geleistet. Die Kirchen waren jedoch immer wieder auch gern bereit, diese Ideen hintanzustellen, wenn es das vermeintlich eigene Interesse gebot. Die Menschenrechte zumal, wie sie von den französischen und amerikanischen Revolutionen erklärt wurden, sind von den großen Kirchen erst im 20. Jahrhundert als Ausdruck auch des christlichen Menschenbildes anerkannt worden, nachdem sie im 19. und auch noch im frühen 20. Jahrhundert oft scharf abgelehnt worden waren. Wenn Reinhold Schneider 1938 über die amerikanischen Ureinwohner des 16. Jahrhunderts schrieb, so dachte er wohl vor allem auch an die zunehmend entrechteten und verfolgten jüdischen Deutschen der 30er Jahre. Die Zahl der Christen in beiden Kirchen, die das damals ähnlich sahen und es auch sagten, ist allerdings erschreckend klein geblieben.

Gerade mit Blick auf den Dialog mit Muslimen in Deutschland, wie wir ihn derzeit bei der Islamkonferenz führen, ist es wichtig, auch auf den großen Beitrag von Aufklärung und Moderne an der Ausbildung der Grundlagen von Demokratie und Menschenrechten hinzuweisen. Es gibt keine gerade Linie von der christlichen Tradition in diesem Teil der Welt zu den Grundlagen unserer heutigen Gesellschaft. Es ist daher auch kein Zufall, dass die Kirchen mit diesen Entwicklungen ihre Schwierigkeiten hatten. Denn eine plurale und bis zu einem gewissen Punkt säkulare Gesellschaft enthält auch eine Zumutung für Gläubige: Ich meine die Bereitschaft, die Grundlagen der eigenen religiösen Überzeugungen an einem bestimmten Punkt auch zu suspendieren oder, genauer gesagt, zu akzeptieren, dass die eigene Glaubensgewissheit nicht zum für alle geltenden weltlichen Gesetz werden darf. Dem steht das Menschenrecht der Religionsfreiheit und der grundsätzlichen Gleichberechtigung jedes Menschen unabhängig von Herkunft, Geschlecht oder Religion entgegen. Wir können hier an die lang andauernden Debatten um den Blasphemieparagrafen denken; eine in gewisser Weise vergleichbare Diskussion haben wir zuletzt im Zusammenhang mit den so genannten Mohammed-Karikaturen erlebt.

Hier muss den bei uns lebenden Muslimen und anderen auch deutlich sein, dass der Lernprozess unvermeidlich ist, den europäische Christen durchlaufen haben. Die Bewahrung religiöser Traditionen in einem pluralen Gemeinwesen und einem säkularisierten Staat geht mit einer Revision der eigenen religiösen Tradition einher. Das haben die Christen und Juden in unserem Teil der Welt in einem langen und gelegentlich schmerzhaften Prozess durchlebt. Es muss auch von denen erwartet werden, die heute Mitglieder dieses Gemeinwesens sein wollen.

An die Adresse der Christen gerichtet kann man aber auch sagen: Vieles von dem, was heute selbstverständlich als christliche Tradition reklamiert wird, war tatsächlich jahrhundertelang sehr umstritten. Christen, katholische wie evangelische, hatten lange Zeit – und brauchten sie auch –, um den säkularisierten Staat in den Worten Ernst-Wolfgang Böckenfördes „in seiner Weltlichkeit nicht länger als etwas Fremdes, ihrem Glauben Feindliches, sondern als die Chance der Freiheit, die zu erhalten und zu realisieren auch ihre Aufgabe ist, zu erkennen".

Ich meine, dass gerade das ein wichtiges Ziel der Entwicklung ist, die wir mit der Deutschen Islam Konferenz angestoßen haben. Wenn wir deutlich machen, dass wir von den hier lebenden Muslimen ein Bekenntnis zu den Werten des Grundgesetzes erwarten, dann ist genau das gemeint: die Bereitschaft, die universalisierte Anwendung des Grundprinzips der menschlichen Würde, wie sie in Art. 1 als Grundlage unserer Ordnung und aller weiteren Artikel des Grundgesetzes ausgesprochen ist, auch als Ausdruck dessen zu sehen, was ihre eigene Tradition ihnen vorgibt. Wie genau das aussehen wird, müssen die Muslime selbst sagen. Diese Aufgabe kann ihnen niemand abnehmen. Soweit es institutionelle Rahmenbedingungen gibt, durch die der deutsche Staat hierbei helfen kann – und dabei denke ich nicht zuletzt an islamischen Religionsunterricht an öffentlichen Schulen und an eine akademische Ausbildung für muslimische Geistliche an staatlichen Universitäten –, werden wir alles tun, um hier möglichst bald zu tragfähigen Lösungen zu kommen. Jedoch können dies staatlicherseits eben wirklich nur Rahmenbedingungen sein. Die Ausfüllung des Rahmens muss von den Muslimen selbst geleistet werden. Hier ist zweifellos noch viel zu tun. Wichtig ist jedoch aus meiner Sicht, dass es letztlich zu dieser Entwicklung keine Alternative gibt. Wir selbst haben ein Interesse daran, dass eine so große religiöse Minderheit gut in unsere Gesellschaft integriert ist. Deshalb müssen wir ihr jede mögliche Unterstützung bei der Bewältigung dieser Aufgabe zur Verfügung stellen. Nicht zuletzt müssen wir Geduld haben.

4.

Ich habe eingangs darauf hingewiesen, dass die Lage der Menschenrechte am Beginn des 21. Jahrhunderts ambivalent ist und dass Menschenrechte gerade in diesem Sinn eine bleibende Herausforderung für politisches Handeln darstellen. Im Grunde ist das, wenn wir auf die Geschichte sehen, nicht so ganz neu. Auf der einen Seite hat die europäische Tradition die maßgebliche Einsicht in die

Letztgültigkeit der menschlichen Würde hervorgebracht. Auf der anderen Seite steht immer wieder die Versuchung, Menschenrechte und Menschenwürde wegen angeblich höherer Interessen hintanzustellen. Auf die Zwiespältigkeit der Rolle der Kirchen bin ich schon eingegangen – und das gilt für die evangelische wie katholische Kirche gleichermaßen. Später war die Erklärung der Menschenrechte eine der wichtigsten Errungenschaften der Französischen Revolution. Sie hat aber gleichzeitig auch ein unerhört grausames Regime unter der Guillotine errichtet.

Heute sind viele Menschen besorgt, dass die neuen Bedrohungen im Zeitalter von Internet und Globalisierung, auch von asymmetrischer Kriegsführung bis hin zum internationalen Terrorismus, die ganz neue Antworten erfordern, Sicherheitsfanatikern den Vorwand liefern, ihre Allmachtsphantasien oder ihre sonstigen Sicherheitsängste auf Kosten der Menschenrechte auszuleben. Verschiebt sich heute der Maßstab der Politik angesichts dieser Bedrohungen? Da muss man genauer hinsehen und besser unterscheiden als es in einer häufig reflexartig und oberflächlich geführten öffentlichen Diskussion der Fall ist.

Die politischen, wirtschaftlichen, sozialen Entwicklungen vollziehen sich ähnlich schnell wie all das, was man als wissenschaftlich-technischen Fortschritt bezeichnet. Kriminelle und Terroristen nutzen diese Veränderungen gezielt für ihre Zwecke. Eine verantwortungsvolle Sicherheitspolitik muss auf diese Herausforderungen entsprechende Antworten finden. Die Vereinten Nationen haben in der Allgemeinen Erklärung der Menschenrechte

(1948) das Recht auf Sicherheit in Artikel 3 *expressis verbis* in den Katalog der Menschenrechte aufgenommen, und in Artikel 5 der Europäischen Menschenrechtskonvention lautet Satz 1: „Jedermann hat ein Recht auf Freiheit und Sicherheit." Die rechtlich gebundene Ordnung ist angesichts der Doppelnatur des Menschen notwendige Voraussetzung für tatsächlich verwirklichte Menschenrechte. Wenn also der Rechtsstaat seine Schutzfunktion erfüllen und das staatliche Gewaltmonopol nicht obsolet werden soll, muss er dazu auch die notwendigen Instrumente haben. Solange das Automobil nicht erfunden war, musste man sich um die Ausstattung der Polizei mit Kraftfahrzeugen nicht streiten, aber gegenüber motorisierten Rechtsbrechern reicht die Fußstreife nicht mehr in jedem Fall aus, nicht einmal berittene Polizei.

Die Chance für Sicherheitsorgane, Anschläge, Verbrechen zu verhindern, besteht nur in vorheriger Information. Gegenüber Selbstmordattentätern verpufft auch jegliche general- oder spezialpräventive Wirkung des Strafrechts. Also muss es zur Abwehr von Gefahren – unter Voraussetzungen und Begrenzungen, die man demokratisch legitimiert, also gesetzgeberisch definiert – grundsätzlich möglich sein, Aufklärungsinstrumente einzusetzen, die mit den technischen Mitteln von potentiellen Gefährdern mithalten können. Das war seit der Erfindung von Post und Telefon mit der Begrenzung des Brief-, Post- und Fernmeldegeheimnisses so, und das wird durch die Einführung neuer Kommunikationstechnologien rechtlich nicht grundsätzlich anders.

Der Einsatz der Aufklärungsinstrumente muss rechtlich eng begrenzt werden, aber mit Orwell oder auch mit der Stasi hat das nun wirklich nichts zu tun. Wer bei jeder Diskussion über die notwendige, rechtlich gebundene Reaktion auf neue Bedrohungen gleich die Menschenrechte in Gefahr sieht, dem entgehen am Ende die wirklich wichtigen Punkte. Und die liegen im Unverfügbaren. Menschenrechte, Freiheit, Demokratie verteidigen zu wollen, indem man die ihnen zugrunde liegenden Prinzipien außer Kraft setzt, das geht nicht und wenn es versucht wird, geht es schief. Das ist das Problem von Guantánamo, und wenn man – wie ich – der Auffassung sein sollte, dass die klassische Unterscheidung zwischen innerer und äußerer Sicherheit und alles, was damit zusammenhängt bis hin zur Genfer Konvention, nicht mehr so richtig auf die neuen Bedrohungen passt, dann muss man sich um neue rechtliche Ordnung mühen. Man darf aber nicht einfach alles, was stört, außer Kraft setzen. Wer allerdings jede sachliche Diskussion mit dem Erregungsinstrumentarium unserer *political correctness* zu verhindern sucht, der darf sich nicht wundern, wenn er jenen in die Hände spielt, die im Zweifel lieber in Grauzonen agieren oder auch als Verfassungsrichter hoffen, irgendjemand werde in der Stunde der Not beziehungsweise im Fall wirklicher Gefahren sich nicht an die Grenzen von Recht und Verfassung halten.

In Amerika führen Öffentlichkeit, Kongress und Weißes Haus intensive Debatten über Verhörmethoden, die uns befremdlich vorkommen. Aber machen wir es uns nicht zu leicht. So lange liegt der Entführungsfall Metzler in Frankfurt am Main nicht zurück. Der die Ermittlungen leitende Polizeibeamte drohte dem Tatverdächtigen die Zufügung von Schmerzen an, wenn er den Aufenthaltsort des entführten Kindes nicht endlich preisgebe. Er hat das alles dokumentiert, vor allem seine Entscheidungsnot, das Gericht hat ihn – ohne sich menschlich zu überheben – gleichwohl verurteilt, und ich habe damals wie heute keinen Hehl daraus gemacht, dass ich das Urteil für richtig und die Entscheidung des Polizeibeamten – bei allem menschlichen Respekt – für falsch halte. Aber einfach ist das nicht. Generationen von Juristen haben schon über den Fall der „ticking bomb" diskutiert. Meine Überzeugung ist, dass das Unverfügbare nicht relativiert werden sollte, dass der Mensch nicht zum Mittel degradiert und die Unantastbarkeit der Menschenwürde nicht relativiert werden darf, weil das, was sich aus solcher Relativierung am Ende ergeben wird, schlimmer ist als die ursprünglich zu bekämpfende Gefahr. Abu Ghraib lässt grüßen, und Reinhold Schneider hat das so schlicht wie klar formuliert: „Wir können mit schlechten Mitteln Gutes nicht erreichen."

Man muss damit behutsam umgehen. Absolute Festlegungen tragen nur, wenn man damit sehr restriktiv umgeht. Im Zweifel kommen wir mit gesetzlichen Regelungen für Eingriffsvoraussetzungen, Begrenzung, Transparenz und Rechenschaft im Sinne der konkreten Konfliktauflösung besser aus. Das ist das Prinzip der Verbindung von Demokratie und Rechtsstaat – das Gestaltungsrecht der Mehrheit und der Schutz von Individuum und Minderheit, und das alles unter den Regeln von Transparenz und Legitimation gegen jede Willkür. Darin begrenzen sich die Zuständigkeiten unserer Verfassungsorgane, aber das ist ein anderes Thema.

Mir ist noch ein anderer Punkt wichtig, und ich mache die Bemerkung bewusst als ein Politiker, der sich müht, aus seinem Glauben zu seinen Entscheidungen zu finden. Bei grundsätzlichen Fragen der Balance zwischen menschenrechtlichen Prinzipien und der Pragmatik politischen Handelns gibt es nicht selten Konflikte und Auseinandersetzungen mit christlichen Gruppen, mit engagierten Einzelnen, aber auch mit den Kirchen als Ganzen. Natürlich lebt die Demokratie davon, dass es um politische Entscheidungen Streit gibt. Solches Engagement von Christen ist zunächst einmal Ausdruck der politischen Verantwortung christlicher Existenz. Gelegentlich wird jedoch der Eindruck erweckt, aus christlicher Sicht könne man bestimmte Fragen – und das kann sich um Probleme der Stammzellforschung ebenso handeln wie um Fragen von Migration oder innerer Sicherheit – nur in einer bestimmten Weise sehen. Dagegen möchte ich meinen Protest anmelden. Denn das würde heißen – und ich will das in aller Deutlichkeit sagen –, dass es einen unauflöslichen Widerspruch zwischen christlicher Ethik und politischer Verantwortung gibt. Das war allerdings die Ansicht Max Webers, der davon sprach, die absolute Ethik der Bergpredigt sei kein Fiaker, bei dem man nach Belieben auf- und absteigen könne. Deshalb führt der christliche Glaube aus seiner Sicht zu einer reinen „Gewissensethik", die allein von guten Absichten lebt. Der Politiker dagegen handle aus einer „Verantwortungsethik" heraus, also mit Blick auf die Folgen seiner Entscheidung. Ich habe mich mit dieser Position nie anfreunden können und kann auch nicht recht glauben, dass sie überhaupt für Christen besonders attraktiv ist. Dann aber muss es die Bereitschaft geben, auch und gerade in christlicher Verantwortung zu sehen, dass politische Handlungen nicht im Vakuum stattfinden. Alle Entscheidungen, die man trifft, haben Konsequenzen, die man mit im Blick haben muss und für die man mit verantwortlich ist.

Ich würde mir deshalb häufiger die Bereitschaft wünschen, politisches Handeln in dieser seiner besonderen Eigenart wahrzunehmen. Das schließt nicht aus, dass man zu unterschiedlichen Einschätzungen kommt. Niemand kann alle Folgen von Handlungen mit Gewissheit voraussagen. Auch geht es im politischen Geschäft nicht zuletzt darum, durch Ideenwettstreit zu möglichst tragfähigen Lösungen zu gelangen. Das aber ist etwas anderes als eine Verweigerung gegenüber der Notwendigkeit, politisches Handeln mit Blick auf wahrscheinliche Folgen zu bedenken und zu begründen. Ich bin fest davon überzeugt, dass Letzteres nichts mit dem christlichen Glauben zu tun hat, und hoffe in diesem Sinne auf zuweilen mehr konstruktive Auseinandersetzungen.

5.

Das, worum es uns am Ende gemeinsam gehen muss, ist nichts anderes als die Akzeptanz der Menschenrechte als Maßstab politischen Handelns. Das ist, wie sich gezeigt hat, keine Selbstverständlichkeit. Die Ausgestaltung der Menschenrechte in der Politik des 21. Jahrhunderts ist eine Herausforderung und eine offene Frage. Gefordert sind konkrete Entscheidungen angesichts neuer Problemstellungen durch Globalisierung, neue militärische Bedrohungen ebenso wie durch Migration oder neue biologische oder medizinische Entwicklungen. Dabei sollten wir immer im Blick behalten, dass Menschenrechte nicht nur und nicht in erster Linie durch staatliche Gewalt bedroht werden. Auch der Politiker, der nicht genug für die Sicherheit seiner Bürger unternimmt, trägt indirekt zu Menschenrechtsverletzungen bei, die andere aktiv begehen. Dieser Aspekt wird zu oft übersehen. Zweifellos gibt es die Gefahr, dass der Eindruck von Bedrohung auch dazu führen kann, prinzipielle Bedenken zur Angemessenheit bestimmter Handlungsoptionen vom Tisch zu wischen oder die möglichen Erfolge, die solche Handlungen bewirken, gegen ihre moralische Bedenklichkeit aufzurechnen. Ich sage dazu ganz klar, dass der Zweck nicht die Mittel heiligt. Mir scheint, dass es genau in dieser Hinsicht unverzichtbar ist, dass Menschenrechte tatsächlich Maßstab der Politik sind und bleiben.

Was das konkret bedeutet, darüber brauchen wir Debatte und Auseinandersetzung, weil es niemals ein für alle

Mal zu entscheiden ist, was adäquat ist und was nicht. Einer der Vorzüge der Demokratie besteht gerade in der Fähigkeit zur offenen Diskussion, zur Auseinandersetzung über die jeweils beste Balance zwischen Prinzipien und Pragmatismus. Demokratische Politik kann uns nicht vor Fehlern und Irrtümern bewahren, aber – um ein letztes Mal Reinhold Schneider zu zitieren – „nicht die Irrtümer haben wir zu fürchten, sondern die Lüge." Die Diktatur, unter der Schneider diese Worte schrieb, hat die Lüge zur herrschenden Form politischer Meinungsbildung macht. Wir sollten bei aller Kritik, die wir immer wieder an unserer freiheitlichen Demokratie haben, und bei allem Bewusstsein ihrer Unvollkommenheit, die Ausdruck der Unvollkommenheit des Menschen ist, ihren fundamentalen Wert nicht aus den Augen verlieren.

Quellennachweise

Religion als Herausforderung für die Politik
Rede von Dr. Wolfgang Schäuble, MdB im Rahmen der Berliner Reden zur Religionspolitik am 25. Oktober 2005 in Berlin

Staat und Islam in Europa
Rede von Bundesminister Dr. Wolfgang Schäuble im Rahmen der Otto-Karrer Vorlesung an der Theologischen Fakultät der Universität Luzern am 4. Mai 2007

Menschenrechte als Maßstab der Politik
Rede von Bundesminister Dr. Wolfgang Schäuble bei der Tagung „Macht und Gewissen – Christentum und Menschenrechte in Europa" der Katholischen Akademie Freiburg am 5. April 2008 in Freiburg

Die »Berliner Reden zur Religionspolitik« werden vom Program on Religion and Politics an der Humboldt-Universität zu Berlin veranstaltet. Das im Jahre 2004 ins Leben gerufene Programm geht davon aus, dass trotz der Trennung von Kirche und Staat Religion und Politik einander nicht ignorieren können. Das erfordert von Seiten des Staates eine aktive Religionspolitik, die Religionsfreiheit gewährleistet und von den Religionsgemeinschaften eine politische Ethik, die pluralismusfähig ist.

Ein Forschungsschwerpunkt der vergangenen Jahre war die Untersuchung transatlantischer religionspolitischer Paradoxien, aber auch die Frage, welche Risiken von Religionen ausgehen. Die Professoren Dietrich Benner, Andreas Feldtkeller, Herfried Münkler, Rolf Schieder, Bernhard Schlink, Richard Schröder und Johannes Zachhuber (Oxford), die Privatdozenten Karsten Fischer, Nils Ole Oermann sowie die wissenschaftlichen Mitarbeiter Katja Guske, Jakob Nolte, Dagmar Pruin und Joachim Willems tragen zur Zeit das Programm (www.religion-andpolitics.de).

Religionsökonomischen Fragen widmet sich das Program on Religion, Politics and Economics, das von Rolf Schieder und Nils O. Oermann geleitet wird. Jährlich findet die Haniel Summer School on Religion, Politics and Economics an der Humboldt-Universität statt, die Schnittflächen zwischen Religion und Ökonomie erforscht. Sowohl die Summer School als auch die »Berliner Reden zur Religionspolitik« werden von der Haniel Stiftung gefördert.

Auch diese Publikation erfolgte mit freundlicher Unterstützung der

HANIEL STIFTUNG